디지털자산의 미래와 혁신 경쟁

우리가 인식하지 못한 블록체인을 둘러싼 보이지 않는 전쟁

도서출판 윤성사 253

디지털자산의 미래와 혁신 경쟁
우리가 인식하지 못한 블록체인을 둘러싼 보이지 않는 전쟁

제1판 제1쇄   2024년 11월 8일

지 은 이   이효진
펴 낸 이   정재훈
꾸 민 이   안미숙

펴 낸 곳   도서출판 윤성사
주   소   서울특별시 용산구 효창원로 64길 10 백오빌딩 지하 1층
전   화   대표번호_02)313-3814 / 영업부_02)313-3813 / 팩스_02)313-3812
전자우편   yspublish@daum.net
등   록   2017. 1. 23

ISBN 979-11-93058-57-2 (03350)

값 13,500원

ⓒ 이효진, 2024

저자와의 협의에 따라 인지를 생략합니다.

이 책의 전부 또는 일부 내용을 재사용하려면 반드시 사전에 저작권자와 도서출판 윤성사의 동의를 받아야 합니다.

잘못 만들어진 책은 구입하신 서점에서 교환 가능합니다.

BLOCKCHAIN · DIGITAL ASSETS · REGULATION

디지털자산의 미래와 혁신 경쟁

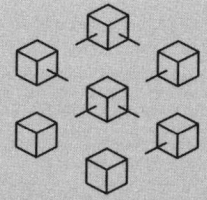

우리가 인식하지 못한
블록체인을 둘러싼 보이지 않는 전쟁

이효진

미래는 예측하는 것이 아니라 만들어 가는 것이다.
The future is not to be forecast, but created. - Arthur C. Clarke

머리말

2009년 밤하늘의 혜성처럼 나타난 비트코인은 그동안 잘 다져진 금융생태계와 충돌하며 엄청난 파장을 불러일으켰다. 처음에는 관심이 없다가 누군가가 상상할 수 없는 수익을 얻었다거나, 기존 화폐를 대체하고 거래비용과 속도를 획기적으로 개선하여 전통 금융 시스템을 대체할 혁신적 수단이라는 말에 세상의 이목을 끌기 시작하였다. 그러나 이내 실질가치가 없는 데이터 조각, 가격의 불안정성과 충동적 거래, 해킹의 표적과 보안취약성 등 부정적 시각에 묻혀 버렸다. 각 나라는 디지털자산에 대한 규제를 도입하기 시작하였고, 중국 등 몇몇 나라는 원천적으로 금지하기도 하였다. 그러나 미국, 유럽연합(EU), 일본, 싱가포르 등 선진 국가들과 국제기구는 완전 금지하는 게 아니라 부작용은 규제하면서도 잠재적인 혁신 요소를 질식시키지 않는 방법으로 접근하고 있다. 무엇이 디지털자산의 혁신 요소이고, 이를 극대화하기 위하여 어떻게 규제를 하는 것이 옳은가? 이 물음들이 공직생활을 하는 동안 필자의 뇌리를 떠나지 않았다. 새로운 기술의 출현은 현재의 규제와 언제나 긴장 관계였다. 증기기관을 발명하였을 때도, 마차를 대체하는 자동차가 나타났을 때도, 인터넷이 출현하였을 때도 마찬가지였다. 새로운 발명품에 대하여 부작용이 부각되고 생소한 것에 대한 부정적 의견이 지배하면서 생존에 대하여 회의적으로 보았다. 그러나 기술과 시장은 규제와 조정과 타협을 하면서 지속적으로 발전하여 왔고, 어떤 기술은 과거의 것을 완전히 대체하기도 하였다.

　디지털자산도 기술과 규제의 긴장하에서 지속적인 혁신 기반을 만들기 위해서는 투명하고 합리적인 좋은 규제를 마련하여야 한다. 그런데 복잡한 의사결정 절차와 다양한 이해관계자가 존재하는 민주적 사회에서 좋은 규제를 만들기 위해서는 규제 당국이나 정치인뿐만 아니라 블록체인 기술개발자, 사업자뿐 아니라 디지털자산 이용자 등이 블록체인 기술과 디지털자산 시장, 디지털자산 규제에 대한 전반적인 인식과 정확한 이해가 높아져야 한다. 그러나 시중에는 디지털자산 기술, 시장, 규제에 대한 일반인들의 전반적인 이해를 돕기 위한 서적들이 부족하다. 디지털자산의 낙관적인 투자를 권유하거나 기술이나 법령 중 한쪽만 전문적으로 다루고 있어 공학도가 많은 디지털자산 개발자, 사업자들은 규제의 형성이나 내용을 이해하는 데 한계가 있고, 법령을 다루는 사회과학도들은 기술의 이해가 쉽지 않다는 토로를 많이 들었다. 또한 이용자 등 일반인은 쉽게 접할 수 있는 투자서에 치중하는 경향도 보였다. 그러는 가운데 매스컴이나 SNS를 통하여 나오는 단편적인 정보로 부정적인 인식이 굳어지고, 기술적 이해는 비트코인에 머무르고 시장은 디지털자산 거래에만 국한되고 있는 것으로 보였다. 이에 따라 디지털자산 관련 이용자, 사업자, 규제자들이 쉽게 접근할 수 있는 책을 펴내고자 하였다. 지난해 말 공직을 그만두면서 그동안의 규제 경험을 바탕으로 학생들과 토론, 현장에서 뛰고 있는 블록체인 기업들과 전문가들을 만나면서 생각을 정리하고 부족한 지식과 정보를 보완하여 디지털자산에 대한 전체적인 이해를 돕고 쉽게 접근할 수 있는 책을 만들려고 하였다.

이 책은 총 7개의 장으로 나뉘어 있다. 크게는 블록체인 기술, 디지털자산 시장, 규제, 혁신 등 네 부분으로 구성되어 있다. 1장은 기술, 시장, 규제, 혁신에 대한 독자들의 전반적인 이해를 돕기 위하여 기술과 규제의 관계, 규제의 형성과 애로, 규제의 방향 등을 담았다. 2장은 디지털자산에 대한 이해의 첫단계인 블록체인 기술에 대한 설명이다. 핵심 기술과 과제, 블록체인 기술의 적용 사례들로 구성되어 있다. 3장은 시장에 관한 사항으로 블록체인 기술이 구현한 디지털자산이 어떻게 진화되고 다양화하는지, 시장이 어떻게 확산되고 있는지를 설명하고 있다. 특히 디지털자산의 거래뿐만 아니라 지급 결제 기능, 분산 금융(DeFi) 등 다양한 혁신적 시도가 이루어지고 있는 시장의 확산 상황을 담아 디지털자산 시장에 대한 이해의 폭을 넓히고자 하였다. 4장, 5장, 6장은 규제에 관한 내용이다. 4장은 디지털자산과 현행 규제가 어떻게 충돌하고 있는지 알아본다. 디지털자산의 법적 성격, 자금 세탁, 해킹 등 부작용과 이용자 보호, 통화금융 시스템을 통하여 가능성을 살펴본다. 단순히 디지털자산에 대한 장점만 알리는 게 아니라 부작용도 구체적으로 기술함으로써 독자들의 균형 있는 이해를 도모하고자 하였다. 5장은 기술과 규제가 충돌하는 상황에서 세계 각국이 규제와 혁신을 조화시키기 위하여 어떤 노력과 고민을 하는지 알아보았다. 6장은 우리나라의 디지털자산 규제에 대한 내용이다. 7장은 혁신에 관한 필자의 생각들을 정리해 보았다. 그간 규제의 성과와 한계, 그리고 좋은 규제를 위한 방향들을 적었다.

이 책을 쓰면서 디지털자산과 관련된 개발자, 사업자, 전문가, 규제 당국이 얼마나 고심하고 노력하고 있는지 새삼 알게 되었다. 이 책에서 부족한 부분은 그들의 고민과 지식을 모두 담지 못한 필자에게 있다. 아무쪼록 이 책이 블록체인 기술과 시장, 규제에 대한 우리 경제사회의 이해도를 높이고 좋은 규제로 나아가는 입문서 역할을 하기를 기대한다. 역사적으로 신기술에 능동적으로 대응하였던 개인과 국가가 새로운 부와 성장을 이루어 왔던 것을 보아 왔다. 앞으로 전개될 2단계 디지털자산법 논의, 블록체인 산업정책 추진 과정에서 규제 형성에 참여하는 모든 행위자가 협력하여 좋은 규제를 만들 때 디지털자산 이용자, 사업자들에게 새로운 성장의 기회를 제공하고 금융경제 시스템의 혁신과 국가경쟁력을 제고할 수 있으리라 믿는다.

이 책이 나오기까지 많은 조언과 지원을 해 주신 분들께 감사를 드린다. 은사이신 이은국 연세대 명예교수님, 노준형 전 정보통신부 장관님, 고려대 정보보호대학원 권헌영 원장님, 구주영 박사님, 윤성사 정재훈 대표, 이분들이 아니었으면 이 책이 세상의 빛을 보지 못하였을 것이다. 그리고 과기정통부, 금융위, 국무조정실, 한국인터넷진흥원, 한국핀테크지원센터, 한국핀테크산업협회, KODA, 인피닛블록 등 디지털자산업계의 많은 분이 도움을 주셨다. IBK서비스 정광후 대표님, 정종욱 과장과 직원 여러분의 지원에도 감사드린다. 무엇보다 묵묵히 옆에서 응원해 준 아내 박소연과 혜연이, 준원이에게도 고맙고 사랑한다는 말을 전한다.

2024년 9월
이 효 진

목차

머리말	4

01
기술, 시장, 규제, 그리고 혁신　　13

1) 디지털자산의 기술, 시장, 규제, 3자의 관계　　13
2) 규제는 어떻게 만들어지고 왜 변동하게 되나?　　15
3) 금융시장의 규제는 어떻게 변동하여 왔나　　18
4) 금융 혁신을 향하여　　20

02
기술: 블록체인의 출현　　23

1) 블록체인은 무엇인가?　　23
2) 블록체인의 구조　　25
3) 블록체인의 주요 기술　　28
4) 블록체인 산업의 발전　　39

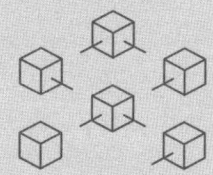

03
시장: 디지털자산의 진화와 미래　　　　　　　　43

1) 디지털자산의 진화　　　　　　　　　　　　　　44
2) 디지털자산의 유형: 거래 수단에서 실물 연계로　　55
3) 디지털자산 시장의 확산: 매매 거래를 넘어 분산 금융으로　65
4) 디지털자산의 미래: 금융산업의 패러다임 혁신　　86

04
시장과 규제의 충돌　　　　　　　　　　　　　　91

1) 법적 성격　　　　　　　　　　　　　　　　　　93
2) 디지털자산 악용과 위험성　　　　　　　　　　100
3) 시장 질서와 이용자 보호　　　　　　　　　　　107
4) 통화·금융시장으로 전이 방지　　　　　　　　　120
5) 규제의 딜레마　　　　　　　　　　　　　　　　123

05
세계 각국의 규제혁신 경쟁　　　　　　　　**127**

1) 미국　　　　　　　　　　　　　　　　　127
2) 유럽연합(EU)　　　　　　　　　　　　　135
3) 일본　　　　　　　　　　　　　　　　　140
4) 여타 국가: 싱가포르, 중국　　　　　　　　146

06
우리나라의 대응　　　　　　　　　　　　**149**

1) 가상자산 규제　　　　　　　　　　　　　149
2) 토큰증권 제도 도입　　　　　　　　　　　174
3) 블록체인 산업 진흥　　　　　　　　　　　177

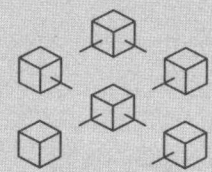

07
혁신: 디지털 금융 발전과
새로운 경제·금융 질서 선도　　　　　　　　**179**

1) 디지털자산 시장의 상황과 규제　　　　　　179
2) 디지털자산 시장과 규제의 나아갈 방향　　　185

참고 문헌　　　　　　　　　　　　　　　194

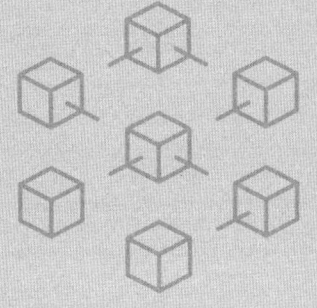

01

기술, 시장, 규제, 그리고 혁신

1) 디지털자산[01]의 기술, 시장, 규제, 3자의 관계

인류 사회는 하늘에 부지불식간에 나타나는 유성처럼 아무도 인지 못하고 예상조차 하지 못하였던 기술의 출현으로 끊임없이 진화하여 왔다. 수많은 유성 중에서 지구에 떨어진 대형 유성이 지구의 생태계를 급격하게 변화시키고 공룡과 같은 지배종을 소리없이 사라지게 만들었던 것처럼 파괴력 있는 기술의 출현은 기존 세계관을 뒤흔들고 이전의 산업구조와 지배 세력을 완전히 다른 종류로 교체하여 왔다. 청동기 시대의 종말을 고하였던 철의 발명, 산업혁명을 일으켰던 증기기관, 정보화 시대를 연 컴퓨터와 인터넷처럼 말이다. 그리고 언제 얼마나 큰 유성이 떨어질지 모른다는 불안과 함께 현재의 지배종이 경쟁하며 살아가듯, 현재의

---

01   용어는 암호자산, 가상자산, 가상통화 등은 나라마다 다르고, 필요에 따라 다양하게 사용하고 있지만 이 책에서는 디지털자산(digital assets)이라고 한다. 구체적인 용어의 의미와 법적 성격에 대한 논의는 제3장과 제4장에서 살펴본다.

01 기술, 시장, 규제, 그리고 혁신

산업과 시장의 기득권 세력들은 새로운 기술의 출현을 두려워하며 시간이 보장해 주는 지대를 추구하고 있다.

기술은 인간 사회를 발전시킨 원동력이다. 그러나 실험실에서 발견된 기술이 사회, 경제에 영향을 미치기 위해서는 유성이 지구와 충돌하였던 것처럼 수많은 재화와 서비스를 사고파는 시장에 진출하여야 한다. 시장을 통하여 유용성을 검증받고 선택을 받아야 한다. 그러나 새로운 기술은 유용성만으로 살아남지 못한다. 새로운 기술에 대한 두려움과도 싸워야 하고, 구식 기술로 지대를 추구하고 있는 기득권 세력과 맞닥뜨려야 한다. 무엇보다 현재의 시장 질서를 관장하고 시장 참여자의 권익을 보호하는 규제의 견고한 장벽을 뚫어야 한다. 규제는 정부가 이용자 보호와 바람직한 경제사회 질서를 구현하기 위하여 시장에 도입하지만 그 결과 기업과 개인의 행위를 제약하게 된다. 규제는 한편으로 신기술이 시장에 나올 수 있는 제도적 기반을 마련해 주기도 한다. 특히 우리나라와 같이 할 수 있는 일을 법에서 정해 주는 포지티브 법체계 내에서는 더욱 막강한 힘을 가지며 신기술의 생사여탈권을 가진다. 규제가 달라지면 서로 다른 산업생태계가 만들어지고 혁신의 발현 정도도 완전히 달라지게 된다. 세계 각국이 신기술의 선점과 시장의 경쟁력을 확보하기 위하여 규제에 골몰하는 이유이기도 하다. 신기술 개발만으로 시장에 무조건 나올 수 있는 것이 아니며, 시장에 나왔다 하더라도 규제와 충돌하면 제대로 성장할 수도 없다. 따라서 블록체인 기술을 개발하는 엔지니어도 디지털자산으로 시장에 진출하고자 하는 기업인도 규제의 속성과 만들어지는 과정에 대한 이해가 뒷받침되어야 디지털자산의 성공적 미래를 담보할 수 있을 것이다.

2) 규제는 어떻게 만들어지고 왜 변동하게 되나?

블록체인 기술을 개발하는 엔지니어나 기업들은 일련의 디지털자산과 관련된 규제 형성 과정들을 보면서 왜 규제 당국은 적기에 적절한 규제를 만들어 새로운 신성장동력을 만들어 내고 금융산업의 혁신을 이끌어 내지 못하는지 답답한 마음을 가질 때가 많았을 것이다. 비단 디지털자산뿐만 아니라 다른 분야에서도 급속히 발전하는 기술 발전의 속도를 규제가 따라가지 못하는 규제 지체(regulatory lag)를 많이 보아 왔다. 이러한 규제정책의 현상에 대해 많은 경제학자와 정책학자가 연구하여 왔다. 그 결과 규제가 만들어지고 변동하는 과정은 다양한 요인과 많은 이해관계자의 상호 작용을 거쳐 만들어지는 복잡다단한 사회활동의 결과물이라는 것이다.

규제는 왜 만들어지는가? 경제학자들은 자유의지를 가지고 있는 개인이나 기업가 등 경제 주체가 자신의 계산하에 이익을 얻기 위하여 자신이 만든 재화나 서비스를 치열한 경쟁을 통하여 시장에 공급할 때 사회적 효용, 즉 사회적 후생이 극대화된다고 말한다. 그러나 시장은 풍부한 자금이나 자원을 우월한 역량을 가진 행위자가 시장을 독점하거나 자기들끼리 과점 상태를 유지하여 수요자 이익을 뺏어 가기도 하고 불공정행위, 소비자 피해 발생 등으로 시장의 효율성이 떨어지는 시장실패(market faillure)가 일어난다. 따라서 독과점 방지로 시장의 효율성을 제고하고 불공정행위, 소비자 보호 등 공익(public interest)을 실현하기 위하여 정부가 규제를 도입하게 된다. 그러나 한번 도입된 규제는 영구히 지속되지 않으며, 규제를 둘러싼 환경의 변화, 새로운 규제 수요의 발생 등에 의하여 수많은 변동을 하게 된다.

규제가 변동하는 데 대한 동태적인 연구는 경제학자보다는 정책학자나 행정학자를 중심으로 발전하여 왔다. 한번 만들어진 규제는 이를 둘러싼 환경이 바뀌어 적시성이 없어도 좀처럼 변화하지 않고 유지하려는 속성을 가지고 있다. 그 이유로서 우선은 규제 변동을 하는 데 오랜 시간이 걸리고 막대한 비용이 동반하는 특성을 들 수 있다. 절대왕정이나 권위주의 체계에서는 왕이나 최고권위자가 공익을 앞세워 비교적 단순한 과정을 거쳐 규제를 만들게 되지만, 국회와 행정부 간의 권력 분립, 다양한 이해집단이 존재하는 다원주의적인 민주 체제에서는 복잡한 절차와 전문적인 검토를 통하여 만들어지게 되기 때문이다. 그다음으로는 규제로 인하여 이득을 보게 되는 기득권 세력이 지대를 향유하고 규제를 지속적으로 유지하기 위하여 규제 변동을 저지하려는 행위들을 하기 때문이다. 이러한 이유로 규제는 잘 변화하지 않으며 변하더라도 기존 규제에서 핵심 가치를 침해하지 않는 경미한 변동만 하게 된다. 정책학자 등 사회과학자들은 이를 규제의 경로의존성(path dependency)이라고 한다.

규제가 의미 있고 근본적인 변동을 하기 위해서는 경로의존성이라는 규제의 속성을 깨뜨릴 수 있는 동인이 있어야 한다. 혁신적인 기술과 새로운 서비스 출현으로 이해 갈등 심화와 부작용, 기존 규제의 폐해와 불만 여론의 고조, 정책 이데올로기나 정권 변화 등이 그것들이다. 이러한 변동 요인들이 확산하다가 전환점(tipping point)에 이르러 위기 사건 발생, 언론의 집중화 등 촉발 기제(trigger factor)가 발생하여야 비로소 정책 하위 체계가 규제 변동을 본격적으로 논의하는 장에 진입하게 된다. 정책 하위 체계에서는 규제 당국과 국회뿐 아니라 기득 계층과 신흥 진입자, 이용자 등 다양한 이해관계자들이 참여하여 갈등과 논쟁을 벌이고 대안들을 분석 검토하기도 하며, 인식과 지식의 간극을 좁혀 가는 정책 지향 학습이 일어나기도 한다. 또한, 정책 하위 체계의 행위자들은 자신의 정책 신념과 이해관계에 따라 연합체를 구성하여 자신들의 이익이 규제에 반영되도록 압력을 가한다. 특히 신기술 도입으로 인한 규제 찬반에 대한 경쟁은 첨예하게 진행되었다. 산업혁명 시기 초기 마부와 자동차, 운하 운송과 철도 운송, 최근에는 택시사업과 우버, 디지털자산 등은 신구 사업자 간 갈등, 사업자와 규제 당국과 대립을 초래하였고, 마이데이터, 개인정보수집업, 원격의료, 유전자 변형 등과 같은 기술은 기본권이나 가치 갈등을 불어일으키기도 하였다. 이러한 규제 도입 경쟁은 법률의 국회 통과, 정부 입법이 이루어지는 모든 과정에서 이들의 상호 작용이 이루어지며, 그 결과로 새로운 규제 도입, 개선 또는 폐지 등 규제 변동이 일어난다. 이렇게 규제 변동의 과정은 지난하고 복잡하여 급속히 발전하는 기술 발전의 속도를 규제가 따라가지 못하는 규제 지체가 일어나는 요인이기도 하다.

 여기에서 관심을 가져야 할 부분은 이러한 규제 변동 과정의 결과로 나타난 결과물, 즉 새로운 규제가 공익에 가장 부합하는 형태로 나타나는가이다. 규제 변동 과정은 앞에서 살펴보았듯이 인지와 지식의 부족, 행위자별 이익, 즉 사익(private interest) 등으로 한계를 가진 행위자들이 규제를 만들기 때문에 공익에 완전히 합치하는 규제를 만드는 데는 어려움이 있다. 특히 시카고학파 등 일부 경제학자들은 규제 형성에 중요한 결정권을 가지고 있는 국회의원이나 정부 당국의 사익이 중요한 결정을 한다고 보았다. 이들은 자신에게 더 많은 지지, 정치헌금, 퇴직 후 직장 등을 제공하는 특정 이익집단에 포획되어 이들에 유리한 규제를 선택할 가능성이 높고, 여론의 동향, 책임 부담 여부 등에 민감하여 최적의 대안보다는 경제사회적으로 문제가 없이 타협 가능한 대안을 선호한다는 것이다. 이러한 규제의 영향으로 정부가 시장을 효율화하지 못하고 혁신이 질식하는 정부실패(government failure)가 일어난다고 하였다. 물론 모든 규제가 정부실패를 초래하지는 않지만 규제 형성과 변동 과정의 특징과 한계를 이 과정에 참여하는 행위자들이 알아야 적정성과 합리성을 갖춘 규제를 만들 수 있을 것이다.

3) 금융시장의 규제는 어떻게 변동하여 왔나

금융시장의 규제도 인터넷, 모바일 등 정보통신기술(ICT)의 출현으로 금융시장에 새로운 서비스가 보급되고, 이로 인한 경쟁 상황의 변화, 개인정보 침해, 해킹, 자금 세탁 등 새로운 피해 발생 등으로 규제 환경이 급변함에 따라 이를 규율하기 위한 규제가 도입되거나 개선되는 등 변동을 겪어 왔다. 특히 2010년대를 전후하여 빅데이터, 사물인터넷, 인공지능, 블록체인 등 정보통신기술이 비약적으로 발전하면서 단순히 정보통신기술을 이용하여 금융 업무를 고도화하는 것을 넘어 금융과 정보통신기술이 융합한 혁신금융 서비스를 제공하는 핀테크(fintech)의 확산과 비금융회사의 금융시장 진출을 주도하는 테크핀(techfin)의 등장, 디지털자산의 거래 등으로 금융시장은 급변하였다. 이러한 환경 변화는 은행, 보험 등 업역별 규제, 금산 분리 등 전통적 금융 규제가 경로의존성을 탈피하여 새로운 경로를 찾도록 하는 촉발 기제가 되었다. 네이버 페이 등 전자 지급 결제가 가능하도록 하는 「전자금융거래법」(2006.4)이 제정되고, 「인터넷전문은행법」(2018.10), 「금융혁신지원법」(2018.12), 「온라인투자보호법」(2019.11)이 차례로 만들어졌다. 「신용정보보호법」도 개정(2020.8)되어 마이데이터, 오픈뱅킹 등 새로운 금융 서비스가 출현할 수 있는 기반을 마련하였다. 디지털자산과 관련해서는 「특정금융정보거래법」(2021.3)을 거쳐 「가상자산이용자보호법」이 제정(2023.4)되어 자금 세탁 방지, 이용자 보호, 불공정 거래를 방지하도록 하였다.

그러나 이러한 금융 규제의 변동 과정을 보면 다른 어떤 상품이나 서비스가 유통되는 시장을 규율하는 규제보다 어렵고 복잡하였다. 근본적으로 금융시장은 대출, 위험자산 투자 등으로 안정성이 취약할 뿐 아니라 저축은행 사태, 2009년 글로벌 금융 위기 등에서 보듯이 가계, 국가 경제, 글로벌 시장에 미치는 영향이 지대하다. 이에 따라 은행, 보험 등 업권별 규제와 진입 규제, 거래행위 규제, 투자자 보호 규제 등 다른 시장에 비하여 촘촘하고 포지티브 방식(positive regulation)의 강도 높은 규제를 시행하고 있다. 금융 규제 당국이 규제 대안을 마련할 때는 복잡한 기

01 기술, 시장, 규제, 그리고 혁신

존 규제와의 정합성, 대응 강도 등 고려할 요소가 많으며, 특히 정보통신기술과 금융이 융합한 서비스에 대해서는 금융 당국의 전문 분야가 아니기 때문에 더 많은 고민을 하여야 한다. 이러한 가운데 자칫 미세한 규제라도 잘못 마련하면 그 파급 영향으로 인하여 책임 소재 논란에 휘말릴 가능성이 크다. 더욱이 금융시장은 대부분 진입 규제로 만들어진 장벽에 의하여 신규 사업자의 등장이 어렵고 기존 사업자들은 울타리가 쳐진 시장 안에서 상당한 지대를 누린다. 거대한 공룡처럼 규제가 만들어 준 쥬라기 서식지에서 몸집을 불리고 살아가고 있는 것이다. 이러한 시장에 규제 완화로 인한 새로운 서비스나 사업자의 등장은 이익 감소는 물론이고 생태계 변화로 인한 존폐 위협으로도 작용할 수 있어 규제 변동에 첨예하게 대응한다. 이러한 특성으로 금융 규제는 어느 시장보다도 규제를 유지하려는 관성이 강하여 경로의존성이 높고 규제 지체가 흔히 나타나고 있다. 이를 타개하고자 시장 진입과 영업에 특례를 주는 금융 규제 샌드박스를 도입하여 신기술·신서비스가 신속히 실행될 수 있는 기제를 만들어 운영하고 있지만 일부에 국한되어 있고, 금융시장 전반의 혁신을 이끌어 내기에는 부족하다.

4) 금융 혁신을 향하여

금융시장은 정보통신기술과 금융이 융합되어 거래비용을 감축하고 고객의 편의성을 제고하는 신서비스를 제공하는 등 많은 발전을 해 왔다. 그러나 모바일뱅킹, 전자결제 등 은행, 금융기관 등의 기존 기능과 절차에 정보통신기술을 도입하여 효율성을 제고하거나 기존의 금융생태계를 해치지 않고 관리 가능한 수준에서 신서비스를 받아들이는 정도에 그침으로써 은행 등 기존 금융 시스템의 구조와 일하는 방식을 근본적으로 바꾸는 금융 혁신으로까지 이르지 못하고 있다. 이러한 가운데 혜성처럼 나타난 블록체인 기술은 디지털자산을 통하여 기존의 금융시장과 충돌하면서 새로운 생태계 구조와 절차를 만들어 가고 있다. 아직 그 가능성과 금융시장에서 지배종이 될 것인가에 대해서는 의문이 많이 있지만, 단순히 비트코인과 같이 디지털자산을 새로운 투기적 수단으로만 볼 것이 아니라 기존 중앙집중식 금융 시스템에 대항하여 분산형 체계를 지향하고 있는 블록체인의 속성에 관심을 가져야 한다. 블록체인 기술을 이용한 분산형 시스템은 양면성을 가지고 있다. 국제 간 자금 송금, 금융 거래는 비용과 속도를 획기적으로 개선할 수 있는 반면 국경을 넘나드는 스테이블코인의 거래, 불법자금 세탁 수단 등은 기존의 금융 안정과 통화 체계에 위협으로 작용하고 있다. 이에 따라 각국의 규제 당국은 무엇을 규제하고 무엇을 발전시킬 것인지에 대한 고민이 커지는 것이다.

규제 당국이 기술 발전으로 인한 위험과 부작용을 규제하는 것은 당연한 임무이다. 그러나 규제가 혁신을 저해하여서는 아니 된다. 규제가 단기적으로는 기술의 발전과 시장의 확산을 억제할 수 있지만 장기적으로 기술과 시장을 이기는 규제는 없었다. 좋은 규제(better regulation)를 통하여 기술의 위험을 적절히 규제하면서도 혁신을 확산시켜야 한다. 좋은 규제란 안전과 위험에 비례하는 적정 수준의 엄격성과 예측가능성을 가진 규제를 시의적절한 타이밍에 도입하는 것이다. 하지만 좋은 규제를 만들기는 쉽지 않다. 규제는 규제 당국만의 노력으로 만들어지는 것이 아니라 앞에서 보았듯이 기술개발자, 신구 사업자, 전문가 등 다양한 이해관계자 간 정책 경쟁을 통하여 만들어진다. 좋은 규제는 이들 모두가 디지털자산에 대한 기술, 시장, 규제에 대한 정확한 이해와 종합적인 시각을 바탕으로 좋은 규제를 만들려는 노력이 합쳐질 때 찾아낼 수 있다. 이 책도 이러한 노력의 일환이다. 앞으로 금융 혁신을 열망하며 좋은 규제의 바탕이 되는 블록체인 기술, 디지털자산 시장, 규제 현황과 방향에 대하여 차례로 알아보는 여정을 떠난다.

02

기술: 블록체인의 출현

1) 블록체인은 무엇인가?

　블록체인(blockchain)에 대해서는 다양하게 정의되고 있지만 공학도가 아닌 사람이 쉽게 접근하기 위하여 설명하자면, 전자적 기술을 이용하여 거래 내역을 일정한 크기(블록)로 저장한 후 시간 순으로 연결(체인)되도록 하고, 이를 다수의 참여자가 공동으로 보유하고, 기록·관리하는 시스템이다. 좀 더 깊이 들어가면, 전자적 거래 기록을 블록 형태로 만들어 중앙 서버가 없이 개인 컴퓨터끼리 직접 연결된 P2P(Peer to Peer)[02] 네트워크(분산 네트워크) 내에서 참여자가 함께 보관·관리하는 시스템이다. 그런데 블록체인은 중앙집중 시스템과 달리 블록을 만들거나 블록의 진위를 검증하는 특정 주체가 없다. 따라서 분산 네트워크가 작동하도록

02　기존의 중앙 서버와 이에 접속된 개인 컴퓨터(클라이언트)와 같은 중앙집중식 네트워크가 아니라 개인 컴퓨터끼리 직접 연결하고 각 참여자(peer nodes)들이 서버와 클라이언트 역할을 동시에 수행하는 네트워크를 말한다.

02 기술: 블록체인의 출현

누군가가 블록을 만들고 검증하도록 하는 특별한 기술과 운영 기제가 필요하다.

이를 구현하는 것이 거래 내역을 분산하여 공유하는 분산원장 기술(Distributed Ledger Technology), 블록의 진위를 확인하는 암호화 기술, 블록을 다수가 확인하고 의사결정을 하는 합의 알고리즘, 그리고 블록 생성에 기여한 참여자에게 대가(代價)로 토큰(token)[03]을 지급하는 보상 시스템이다. 블록체인은 분산원장 기술을 바탕으로 하여 네크워크 내에 거래 내역 등 데이터를 관리하는 방식을 블록을 활용하는 분산원장 기술의 일종이며 대표적인 사례이다.

블록체인은 구현 방식에 따라 다양한 형태가 만들어질 수 있다. 먼저 일반인의 공개 여부에 따라 불특정 다수가 참여할 수 있는 퍼블릭 블록체인(public blockchain), 허가받은 사람만 참여하는 프라이빗 블록체인(private blockchain), 그리고 이들을 혼합한 컨소시엄 블록체인(consortium blockchain) 등이 있다. 또한 블록체인은 블록 생성을 불특정인이 하지 않고 중앙화 요소를 가미하여 특정인이 블록을 생성토록 할 수 있다. 이 경우 블록 생성을 특정인이 하므로 토큰을 지급하지 않을 수 있다. 이런 이유에서 토큰으로 보상을 지급하느냐에 따라 토큰형 블록체인(tokenized blockchain)과 비토큰형 블록체인(tokenless blockchain)으로도 만들 수 있다. 이에 따라 블록체인을 활용하는 형태는 이러한 구현 방식을 조합하여 필요한 네트워크 구조로 만들어진다. 이 중에서 가장 많

---

03 토큰은 블록체인 기술을 이용하여 경제적 가치나 소유, 권리를 나타내는 전자적 증표로서 디지털자산 형태로 발행될 수 있으나 신분 증명, 이력관리, 소유 증명 등의 용도로 발행될 수 있다.

이 사용되고 대표적인 것이 블록체인에 누구나 참여할 수 있고, 토큰으로 보상을 지급하는 토큰형 퍼블릭 블록체인이다. 비트코인(Bitcoin), 이더리움(Ethereum) 등 디지털자산을 운용하는 대부분의 블록체인이 이러한 네트워크 구조를 가지며, 비트코인 등 토큰을 보상으로 지급한다. 반면에 컨소시엄 블록체인이나 프라이빗 블록체인을 구축하고 블록 생성을 특정인이 하도록 하여 토큰을 지급하지 않는 방식도 있다. 2015년 출범한 리눅스 기반의 하이퍼레저(Hyperledger) 프로젝트는 컨소시엄 블록체인을 활용하여 토큰을 발행하지 않고 다양한 기업 수요에 대응하는 블록체인 솔루션을 제공하기 위한 플랫폼을 제공한다.[04] 하이퍼레저를 이용하지 않더라도 프라이빗 블록체인을 이용하여 보상을 지급하지 않고 금융, 물류, 공급망 등 기업활동에 블록체인을 도입하는 사례도 있다. 이 경우 토큰은 신분 증명, 이력관리, 소유 증명 등으로 사용된다. 블록체인 네트워크 구조는 다양하나 이 책에서는 디지털자산에 주로 쓰이는 토큰형 퍼블릭 블록체인을 중심으로 설명하고자 한다. 블록체인을 이해하기 위하여 블록체인의 구조와 함께 핵심기술인 분산원장 기술, 암호화 기술, 합의 알고리즘을 차례로 알아본다.

2) 블록체인의 구조

블록체인이라는 명칭은 금전을 주고받거나 디지털자산을 주고받은

---

[04] 하이퍼레저 프로젝트는 Hyperledger Fabric, Hyperledger Indy, Hyperledger Besu, Hyperledger Sawtooth, Hyperledger Iroda, Hyperledger Burrow 등 기업들이 필요에 따라 사용할 수 있는 다양한 블록체인 툴과 모듈을 제공한다.

거래 내역을 기록한 전자적인 장부(원장)를 블록이라고 하며, 블록들을 일정 주기(비트코인의 경우 10분)로 생성시켜 이들을 순서대로 연결(체인)하기 때문에 붙여진 이름이다. 현실 세계에서 보면 거래 기록은 메모지에 적거나 노트에 기록하고 이들을 클립으로 묶거나 바인더에 넣어 계속 모아야 한다. 메모지나 노트가 블록에 해당하고 클립이나 바인더가 사슬, 즉 체인이 된다. 이와 같이 블록에는 단순히 거래 기록만 담는 것이 아니라 해당 블록이 몇 번째 것인지, 이전 블록은 무엇인지 등 블록에 대한 정보도 담고 있다. 블록에 거래 기록이 담긴 부분은 '바디(body)'라고 하고 블록 정보를 저장한 부분을 '헤더(header)'라고 한다. 이 헤더를 통하여 나중에 생성된 블록이 이전 블록과 연결되는 것이다. 블록은 위변조 등을 방지하려고 모든 데이터가 해시(hash) 함수를 통하여 암호화되어 저장된다. 또한 블록의 크기는 디지털자산의 종류, 네트워크의 개선 등에 따라 달라지며 초기 비트코인의 경우 1MB이었다.

구체적으로 보면 블록의 헤더에는 현재 블록 버전, 이전 블록 해시, 머클 트리 루트의 해시값(hash value), 생성 시간(time stamp), 난이도(target bits), 논스(nonce) 등 블록의 속성과 블록 간 연결할 수 있는 정보, 즉 메타데이터가 포함되어 있다. 블록 버전(block version)은 블록체인 네트워크에 사용된 프로그램의 버전을 의미한다. 프로그램 버전은 소프트웨어에 기능이 추가되면서 업그레이드된 상황을 나타내며 비트코인의 경우 version 4까지 진행되다가 현재는 BIP-9 표준을 사용한다. 이전 블록 해시는 현재 블록과 연결된 이전의 블록값을 나타내며 블록들을 연결하는 고리가 된다. 머클 트리 루트(Merkle tree root)는 바디에 트리 모양으로 저장된 거래 내역을 요약한 대표 정보이다. 바디에 저장된 거래 내역이 변조되면 이 루트값도 변하게 되어 있고 블록의 해시값도 변하게 되어 있다. 이 경우 해당 블록은 체인에서 끊어지게 된다. 머클 트리 루트는 거래 내역을 다 보지 않더라도 위변조 여부를 알 수 있고 자신의 거래가 블록 내에 존재하는지도 확인할 수 있다. 생성 시간은 블록이 생성된 날짜와 시간을 나타낸다. 난이도와 논스는 블록을 생성하는 채굴자가 네트워크에서 제시하는 블록 해시값을 찾아야 하는데 이때 사용하는 기준과 투입하는 값이다. 비트코인의 경우 채굴자는 논스값을 변경하여 반복적으로 입력하며 먼저 블록 해시값을 찾으려고 경쟁한다.

바디에는 일정 시간 동안 거래 내역(비트코인의 경우 2~3천 개)이 트리 구조로 저장되어 있다. 1979년 고안자인 랠프 머클(Ralph Merkle)의 이름을 따서 머클 트리라고 한다. 각 거래는 위변조를 방지하고자 두 개씩 묶어 해시값을 구하고 이 해시값을 또 2개씩 묶는 과정을 반복하여 최종 머클 트리 루트값을 구하는 방식이다. 즉, 거래가 4개인 경우를 가정하면 우선 거래를 2개씩 묶어 해시값(H1)을 구하고 다른 2개의 거래를 묶어 두 번째 해시값(H2)을 구한다. 이번에는 H1과 H2를 묶어 제일 상위의 해시값을 구하는데 이는 머클 트리 루트가 된다. 머클 트리에는 거래 내역뿐만 아니라 거래 당사자의 전자서명(witness)도 포함되는데 이 부분이 차지하는 비율이 비트코인의 경우 75%를 차지한다. 추후 디지털자산이 진화함에 따라 거래 내역을 저장할 수 있는 공간을 더 많이 확보하기 위하여 다양한 기술을 개발한다. 디지털자산 편에서 자세히 알아볼 것이다.

블록은 블록체인 네트워크에 속해 있는 참여자들의 검증을 거쳐 생성되고 공유된다. 네트워크 참여자를 노드(node)라고 한다. 스마트폰, 노트북, PC 등을 통하여 참여할 수 있고, 참여자에는 블록을 생성하는 노드(비트코인의 경우 채굴자 노드), 블록체인의 데이터 전체를 가지고 있으며, 블록의 유효성을 검증하는 주요 노드(full blockchain node)와 일반 개인들이 스마트폰 등으로 접속하여 블록헤더 정보만 가지고 자신의 거래정보만 확인할 수 있는 일반 노드(lightweight node)가 있다. 각 노드들은 자신의 전자지갑을 보유하고 디지털자산을 블록체인을 통하여 취득하거나 이전 등 거래를 하게 된다. 디지털자산은 중앙집중식거래소를 통하여 일반 이용자들이 참여하게 되는데 엄격하게는 블록체인의 원래 의도한 참여자는 아니며 제3기관으로서 블록체인 네트워크와 일반 참여자를 매개하는 기능을 수행한다.

3) 블록체인의 주요 기술

(1) 분산원장 기술

분산원장 기술(Distributed Ledger Technology: DLT)은 거래 내역을 기록한 원장(Ledger)을 P2P 네트워크에 분산하여 참여자가 공동으로 기록하고 관리하는 기술을 말한다. 분산원장 기술은 블록체인 이전부터 개발되어 왔다. 분산원장은 블록을 사용하지 않고도 구현할 수 있으며, 2002년 데이비드 마지어스(David Mazieres) 등이 블록을 사용하는 기술을 연구하였고, 2005년 닉 스자보스(Nick Szabos)는 작업 증명 기능, 비트 골드(Bit Gold) 등 개념을 도입하였다. 2009년 사토시 나카모토(Satosh Nakamoto)가 이러한 기술 유산을 종합하여 블록체인 네크워크를 만든 것이다. 따라서 블록체인은 원장을 블록 단위로 저장 관리하는 분산원장 기술의 하나이며 축적되어 온 이 기술을 바탕으로 하고 있다.

분산원장 기술이 개발된 것은 기존의 중앙집중식 원장관리 방식의 한계를 극복하기 위하여 나타났다. 중앙집중식 원장관리는 은행 간의 자금 이체, 주식 등 금융자산의 거래 등을 기록한 원장을 신뢰할 수 있는 은행, 증권사 등 제3의 기관(Trusted Third Party: TTP)이 관리하는 것이다. 이러한 방식은 신뢰할 수 있는 기관이 맡아 관리하므로 안정성과 신뢰성을 확보할 수 있으나 중앙기관에 권한과 책임이 집중되어 자료 조작, 시스템 오류, 해킹 등 문제가 발생할 경우 거래 시스템 전체에 지대한 영향을 미치게 된다. 즉, 중앙기관이 잘못되면 전체 시스템에 문제가 생기는 단일 실패점(single point of failure)으로 되는 위험을 내재하고 있는 것이다. 또한 이를 방지하고자 감독, 보안 등에 소요되는 비용은 이용자에게 높은 수수료 비용을 부담시켜 왔다. 비트코인을 만든 사토시 나카모토도 중앙집중식 금융 시스템의 폐해를 지적하며 블록체인 기반의 비트코인 네트워크를 만들었다.

분산원장 기술은 중앙집중기관이 필요없기 때문에 제3의 기관을 설립하고 운영하기 위한 비용을 절감하고, 모든 정보가 집중된 중앙 서버가 없어 해킹 등 공격으로부터 안전하여 단일 실패점이 존재하지 않아 시스템의 안정성을 제고할 수 있다. 또한 모든 거래 기록을 공유하기 때문에 높은 투명성을 가질 수 있다. 하지만 분산원장 기술을 이용하여 실제로 신뢰성 있는 분산 시스템을 구축하려면 풀어야 할 몇 가지 난제가 있었다. 우선 중앙집중식에서는 제3의 기관이 거래장부 작성, 데이터의 진위 검증과 거래 종결 등을 수행하나 분산 시스템에서는 이를 담당할 주체가 없다. 즉, 누가 장부를 만들 것인지, 그리고 그 장부가 정확하고 거짓이 없는지에 대한 검증과 의사결정은 누가 하여야 하는가에 대한 해결책이 필요하였다. 분산원장 기술 개발자들은 기술 개발과 분산 시스템 구성원이 참여하는 방식으로 이를 구현하였다. 암호화 기술, 합의 알고리즘을 통하여 데이터 진위를 검증하고 확인하도록 하였다. 암호화 기술과 합의 알고리즘은 다음에 설명한다. 그리고 거래장부를 만드는 사람에게 보상을 주어 거래 내역이 지속적으로 작성되도록 하였다. 비트코인의 경우 거래장부, 즉 블록을 생성하면 비트코인이나 수수료를 주는 것도 이러한 보상의 일종이며 블록을 만드는 노력을 하게 되면 비트코인을 획득하게 됨에 따라 채굴(mining)이라는 용어가 붙여졌다.

또한, 전자적 데이터의 속성상 쉽게 복사할 수 있어 데이터로 표현된 마일리지, 포인트 등 금전적 가치를 한 사람에게 보내고 또 다른 사람에게도 사용하는 이중 사용 문제(double spendging problem)는 해결하기 어려운 난제였다. 중앙집중식 시스템에서는 은행, 금융회사 등 제3의 기관이 이를 처리하지만 분산원장 시스템에서는 이를 해결할 주체가 없기 때문이다. 이를 해결하고 나온 사람이 2008년 비트코인을 만든 사토시 나카모토이다. 사토시는 UTXO(Unspent Transation Output) 기술 방식을 통하여 해결하였다. UTXO는 블록체인 네트워크에 참여하는 모든 참여자가 비트코인을 사용한 내역을 공유하게 함으로써 사용하지 않은 비트코인만 사용하도록 한 기술이다. 이중 사용 문제 해결 기술은 이더리움 등 다른 디지털자산에서 더 발전하게 하게 된다.

(2) 암호화 기술

암호화 기술은 중요한 정보를 다른 사람이 알아볼 수 없거나 읽기 어려운 값으로 변환하는 기술로서, 정당한 이용자 인증(authentication), 데이터의 위변조 여부 무결성 인증(integrity), 부인 방지 기능(non-repudiation)을 수행한다. 이에 따라 분산 네트워크에서 제3자가 개입하지 않더라도 신뢰성 있는 거래가 이루어질 수 있도록 구현할 수 있다. 암호화 기술은 블록 생성, 디지털자산 취득, 이전, 거래 등 블록체인에서 일어나는 모든 과정에 이용된다. 블록 내 거래 내역은 암호화되고, 블록을 생성할 때도 암호를 풀어야 하며, 디지털자산도 암호화되어서 만들어진다. 또한 디지털자산을 이전, 교환할 때도 암호화되어서 유통되고 암호 처리된 전자지갑에 저장된다. 따라서 암호화 기술은 블록체인이 작동하는 데 가장 중요한 기술 중의 하나이다. 이러한 특징으로 유럽연합(EU), 일본 등에서는 디지털자산을 암호자산으로 표기하기도 한다. 암호화 기술 중 블록체인에 사용되는 것이 해시 함수와 공개키 방식 암호 알고리즘이다.

암호화 기술의 역사는 고대로까지 거슬러 올라간다. 고대에는 해당 문자를 일정한 법칙에 따라 다른 문자로 바꾸거나 문자의 위치를 바꾸는 단순한 형태의 암호 기술이 사용되었다. 그러나 근대에 들어오면서 제1, 2차 세계대전 등 수많은 전쟁을 치르고 컴퓨터 기술이 발달하면서 수학적 방법을 활용하여 더욱 정교하게 발전하였다. 그중에서 블록체인이 이용하고 있는 암호화 기술이 해시(hash) 함수이다. 해시 함수는 수학적 기법을 이용하여 입력한 값의 길이와 상관없이 언제나 고정된 길이의 출력을 결과값이 나오게 하는 함수이다. 이를 이용한 해시 알고리즘은 다양한 형태가 있으나 비트코인 등 디지털자산에서 주로 사용하고 있는 것은 미국 국립표준연구소(NIST)에서 만든 SHA-256이다. SHA-256은 입력값에 상관없이 항상 256 비트의 출력값을 생성한다. 해시 함수가 블록체인에 쓰이게 된 이유는 분산 시스템에 적합한 장점이 있기 때문이다. 해시 함수는 원래 데이터로부터 해시 출력값을 만들 수 있지만 출력값으로 입력값을 추정할 수 없는 일방향성을 가지고 있어 암호문을 가지고 원본 데이터를 알아낼 수 없는 특성을 가지고 있다. 또한 입력값의 미세한 변화에도 큰폭의 출력값을 내게 되어 위변조를 방지하는 데 강하다. 따라서 해시 함수는 블록체인을 구현하는 데 필수적인 원본 데이터의 암호화, 블록의 무결성 검증, 블록 해시 추출 등에 이용된다.

 블록체인에서 암호화된 데이터를 암호화하고 해독(복호화)하기 위해서는 이를 풀 수 있는 수단이 필요하다. 이것이 암호 해독을 위한 키(key)이다. 암호 체계 초기에는 송신자가 비밀키(secret key)로 데이터 원본을 암호문으로 만든 다음 암호문과 비밀키를 수신자에 보내는 대칭키 암호 방식(symmetric cryptosystem)을 사용하였다. 송신자와 수신자가 같은 키, 즉 대칭되는 비밀키를 이용하는 방식이다. 이 방식은 비밀키가 외부에 누출되지 않도록 비밀키를 암호문을 보내는 채널과 다른 안전한 채널로 보내도록 하였다. 그러나 현실적으로 완전하게 안전한 채널을 확보하기 어렵다.

이러한 문제를 해결하기 위하여 개발한 것이 비대칭키 암호 방식(asymmetric cryptosystem)이다. 비대칭키 암호 방식은 불특정 다수에게 공개되는 공개키(public key)와 키 소유자만 알 수 있는 개인키(private key)를 한 쌍으로 하여 이용한다. 이 방식은 달리 공개키 방식이라고도 불린다. 블록체인은 이 방식을 이용하고 있다. 블록체인 참여자는 개인키와 공개키 한 쌍을 보유하며 개인키는 전자지갑에 자신만 보유하고 비공개로 관리하고 데이터 암호화와 전자서명 시 사용한다. 반면 공개키는 네트워크에 공개하며 암호문의 복호화와 데이터 확인에 활용한다. 블록체인에서 송신자가 개인키로 암호문을 생성하여 수신자에게 보내면 수신자는 송신자의 공개키로 복호화하는 것이다. 이렇게 하면 개인키를 타인에게 보내지 않고도 암호문을 풀 수 있어 대칭키의 문제를 해결할 수 있다. 개인키와 공개키의 한 쌍은 수학적 이론을 바탕으로 생성된다. 비트코인의 경우 개인키는 시스템에서 256bits 크기로 무작위로 생성된다. 공개키는 개인키로부터 타원곡선 암호(elliptic curve cryptography) 등 수학적 방식으로 추출되며 개인키의 2배인 512bits의 크기이다. 이 공개키는 다시 전자지갑 주소를 만드는 데 사용된다. 이러한 방식은 전자지갑 주소에서 공개키를 역으로 추정할 수 없고, 공개키에서 개인키를 추정할 수 없어 개인키의 안전성을 확보할 수 있다.

(3) 합의 알고리즘

블록체인의 기반이 되는 분산 네트워크는 생성된 블록의 승인, 분산 저장된 데이터의 위변조 여부 검증 등에 대한 통일된 의사결정을 내려줄 중앙이 없기 때문에 이를 결정하는 기제로 합의 알고리즘을 만들어 운영하고 있다. 합의 알고리즘은 다수의 참여자들이 데이터를 상호 검증하여 올바른 블록이 생성되고 기존 블록에 추가하도록 하는 의사결정 프로세스이다. 그런데 합의제를 운영하면 풀어야 할 과제가 있다. 참여자 중에는 데이터를 자신에게 유리하도록 고의적으로 위변조하거나 잘못된 블록을 추가하려는 악의적 참여자가 있을 수 있다는 것이다. 이들이 다른 참여자들을 포섭하거나 규합하여 잘못된 합의에 이르도록 하면 네트워크의 신뢰성을 저하시킬 수 있다. 이를 비잔틴 장군 문제(Byzantine Generals Problem)[05]라고 한다. 분산원장 시스템에서는 이러한 영향을 받지 않고 합리적인 의사결정을 내릴 수 있는 합의 알고리즘을 개발해 왔다. 비트코인 이전에는 pBFT(Practical Byzantine Fault Tolerance)가 개발되어 사용되었다. 이 방식은 참여자 중 리더 노드를 정하여 리더가 검토한 결과를 각 참여자들이 검증하고 2/3 이상이 찬성하면 블록이 체인에 연결되도록 하였다. 이후 이를 보완한 합의 방식들이 나왔으나 비트코인 이후에는 작업 증명(Proof of Work: PoW), 지분 증명(Proof of Stake: PoS), 위임지분 증명(Delegated Proof of Stake: DPoS), 권한 증명(Proof of

---

05   비잔틴 장군 문제라는 용어는 동로마제국의 변방인 비잔틴 지역에서 장군들이 전쟁에 이기기 위해서는 장군들 간에 합의하여 공동작전을 펼쳐야 함에도 배신하거나 잘못된 정보 제공, 적에게 포획 등으로 합리적인 의사결정을 할 수 없는 상황을 말하는 데서 비롯되었다.

Authority: PoA) 등이 주로 사용되었다.

작업 증명(PoW)은 비트코인에서 사용하는 방식이다. 작업 증명은 비트코인을 획득하려는 참여자(채굴자)가 여러 거래를 모아서 하나의 블록을 생성하기 위하여 복잡한 암호 해시값을 풀고 이를 노드들이 검증하여 승인하는 방식이다. 비트코인 시스템은 암호의 난이도를 조정하여 매 10분마다 새로운 블록을 형성하도록 하였다. 채굴자들은 암호를 풀려고 경쟁을 하며 경우에 따라서는 복수의 채굴자가 암호를 풀게 되고 복수의 체인이 생기게 된다. 이때 비트코인 노드들은 가장 긴 체인을 선택하며 나머지 체인은 버려지게 된다. 악의적 참여자의 관여를 막으려면 51% 이상의 찬성이 필요하다. 작업 증명 방식은 채굴자들이 암호를 더 빨리 풀기 위하여 컴퓨터 중앙연산장치인 CPU 대신 성능이 좋은 GPU(Graphics Processing Unit)를 사용하고, 대규모 컴퓨팅 자원 동원 등으로 자원이 많은 참여자에 집중되어 중앙화에 대한 우려가 제기되고 에너지 소모가 많아 환경문제를 야기하였다.

지분 증명(PoS)은 디지털자산을 블록체인 네트워크에 많이 예치(staking)한 참여자가 검증자(validater)가 되어 블록을 생성하도록 하는 방식이며, 이더리움에서 사용하고 있다. 보상을 얻으려고 채굴자가 경쟁하였던 작업 증명에서 야기된 에너지 과다 소모 문제를 해결할 수 있으나 디지털자산이 많은 참여자가 유리하여 소수의 다수 보유자에게 의사결정이 집중되는 상황은 여전히 존재하며 부자가 더 부유해지는 자산불평등 문제도 새롭게 제기되었다.

위임지분 증명(DPoS)는 지분 증명 방식에 좀 더 민주적 요소를 추가한 것이다. 지분을 가진 참여자들이 지분에 비례한 투표를 통하여 블록 검증자(witnesses)를 정하고 이들이 블록을 검증하는 것이다. 이 과정에서 누구든지 블록 생성에 기여할 수 있고 기만적 행동을 한 검증자는 투표에 의하여 축출된다. 다른 방식에 비하여 에너지 절감, 좀 더 민주적인 과정, 노드들의 적극적 참여 유도 등을 할 수 있다. 하지만 투표 절차가 시간이 느려지며 중앙화의 우려는 여전히 존재한다.

권한 증명(PoA)는 사전에 권한을 획득한 자만 블록을 검증하는 방식이다. 처리 속도와 전문성을 높일 수 있지만 특정 노드에 집중되고 중앙형 의사결정을 띤다는 특징이 있다.

어느 방식도 완전한 것이 없기 때문에 블록체인을 구성하는 개발자는 그 블록체인에 맞는 합의제 방식을 사용하거나 새로운 합의제 방식을 만들어 사용하고 있다.

(4) 블록체인 기술의 과제

블록체인 기술이 중앙집중 시스템의 문제를 해결하기 위하여 개발되었으나 풀어야 할 과제가 없는 것이 아니다. 그중 가장 큰 것이 확장성(scalability) 문제이다. 확장성이란 블록체인의 이용자와 거래량이 늘어남에도 데이터 수용도, 속도, 비용 측면에서 충분히 감당할 수 있는 정도를 말한다. 블록에 저장할 수 있는 거래 내역은 한정되어 있는데, 이용자가 증가하고 거래량이 늘어 저장량이 증가함에 따라 처리 시간이 지연되고 수수료도 증가하여 시스템이 원활히 작동하는 데 애로가 생기게 되는 것이다. 그러나 탈중앙화된 분산 네트워크에서 보안과 확장성을 함께 구현하는 것은 어려운 과제이다. 확장성을 갖기 위해서는 탈중앙화를 희생하거나 보안이 완화되어야 한다는 것이다. 이더리움을 만든 비탈릭 부테린(Vitalik Buterin)은 이를 트릴레마(trillemma)라고 하였다. 그럼에도 블록체인 개발자들은 확장성을 높이기 위하여 끊임없이 노력해 오고 있다. 그 중에서 기존 블록체인을 활용하여 포크(fork)를 통하여 개선하거나 데이터를 병렬로 처리하는 샤딩(sharding) 등을 통한 방법과 기존 블록체인과 연계된 사이드체인을 활용하는 롤업(rollups) 방식이 있다.

먼저 기존 블록체인을 활용하는 방식이다. 포크에는 새로운 블록체인을 만드는지 여부에 따라 소프트 포크(soft fork)와 하드 포크(hard fork)로 나뉜다. 소프트 포크는 기존 네트워크의 기능을 개선하고 시스템을 유지하는 것이다. 비트코인의 경우 참여자들의 합의를 거쳐 블록에 거래 내역 정보를 더 많이 넣기 위하여 바디의 머클 트리에 저장되는 정보 중 전자서명 등 증거정보(witness)를 거래 내역 정보와 분리하여 별도로 보관하는 방식(Segregted Witness: SegWit)으로 개선한 것이 그 예이다. 하드 포크는 기존 네트워크를 개선하는 게 아니라 새로운 네트워크를 만드는 것이다. 2017년 비트코인은 블록의 크기를 1MB에서 8MB로 확대하여 별도의 네트워크를 만들었다. 그러나 합의에 따라 하드 포크가 이루어졌으나 이에 반대하는 참여자들로 인하여 기존 네트워크도 유지되어 두 네트워크가 병행하여 운영되고 있다. 기존 네트워크를 비트코인 이름을 그대로 사용하고 새로 생긴 네트워크는 비트코인 캐시(bitcoin cash)로 명명하였다. 샤딩은 대규모 데이터를 처리하기 위하여 데이터를 여러 조각으로 나누어 저장하는 데이터 관리기술이다. 블록체인에서는 노드별로 모든 블록데이터를 저장함에 따라 속도와 저장량이 초과하게 된다. 블록데이터를 분할하여 네트워크 내의 일정 그룹으로 나눈 노드들에게 분산하여 저장하도록 하는 것이다. 이에 따라 필요한 데이터만 조회할 수 있어 속도가 빨라질 수 있으나 특정 그룹 노드가 해킹 등 공격받을 경우 분할된 데이터가 훼손됨에 따라 전체 블록체인 네트워크에 영향을 줄 수 있다.

다음으로 롤업이란 원래 블록체인에 부담을 많이 주는 거래 처리 기능을 묶어 별도의 사이드체인에 보내어 처리한 뒤 다시 원래 블록체인으로 보내는 방식이다. 기술적으로는 원래의 블록체인을 레이어1(Layer 1)이라고 하며 비트코인, 이더리움 등이 이에 해당한다. 사이드체인은 레이어2(Layer 2)라고 하며 원래 블록체인에 기반으로 운영되며 이더리움에서 다양한 레이어2 체인을 활용하는 방식을 개발하고 있다. 예를 들면, 현실 세계를 가정하여 특정 상품을 생산하는 모기업과 자회사 관계와 같다. 상품의 생산과 검증 업무를 모두 모기업이 수행하면 업무 부담으로 다른 일을 처리하는 데 지연될 수 있다. 이에 따라 검증 업무만 맡은 자회사를 만들어 거기서 검증한 결과만 모기업에 보내면 기업 전체적으로 효율성을 높일 수 있다. 여기서 모기업이 레이어1이 되고 자회사가 레이어2가 된다. 이 방식은 블록체인의 처리 속도를 획기적으로 높일 수 있지만 사이드체인의 보안이 취약해지는 문제를 가지고 있다.

블록체인의 또 다른 문제는 분산 네트워크라는 당초 취지와 달리 블록체인이 중앙화하고 있다는 것이다. 디지털자산의 거래를 보면 편리성과 자본시장과 유사한 친숙성 등으로 중앙화된 디지털자산거래소를 중심으로 이루어지고 있다. 이에 따라 분산 네트워크의 장점을 제대로 이용하지 못할 뿐 아니라 보안성이 높은 블록체인과 달리 인터넷망에서 연결되는 거래소는 해킹 등에 취약하여 안전성 문제를 야기한다. 이러한 중앙화 문제를 해결하려고 이더리움 등에서는 블록체인 내에서도 디지털자산 거래가 이루어질 수 있는 분산형 거래소(DEX) 등 애플리케이션을 만드는 방법으로 보완하여 나가고 있다. 또한 블록체인은 익명성 등으로 네트워크 외부에 대해서는 보안이 유지되지만 반대로 네트워크 내에서는 분산원장이 투명하게 공유됨으로써 개인정보 보호 문제가 제기된다. 이에 대하여 블록체인 개발자들은 거래자의 신원정보 등을 요구하지 않고도 정당한 권한이 있는 사람이라는 사실을 알 수 있는 영지식증명(zero knowledge proof)[06] 등 암호 기술을 이용하고 있다.

4) 블록체인 산업의 발전

블록체인은 인공지능(AI), 빅데이터(big data)와 함께 앞으로 도래하게 될 고도화된 디지털 사회에서 핵심되는 기술이다. 고도화된 디지털 사회란 경제사회의 모든 거래, 금융, 문화가 디지털 네트워크로 이루어지는 사회를 말한다. 미래학자들은 현재는 그 중간 단계로 실물 세계와 가상 세계가 이원화되어 있지만 사물인터넷(IoT) 기술, 메타버스(metaverse),

---

06   영지식 증명(zero knowledge proof)이란 자신이 알고 있는 주민등록번호, 비밀번호, 생체정보 등 지식이나 정보를 상대방에 공개하지 않고도 자신이 그 내용을 알고 있다는 것을 증명할 수 있는 암호기술을 말한다. 영지식 증명 기술은 전자투표, 전자신분증, 디지털 법정 화폐, 디지털 지갑 서비스 등에 사용된다.

02 기술: 블록체인의 출현

Web.3 등 정보통신기술(ICT)의 발달로 가상 세계의 영역이 커지고 궁극적으로는 가상 세계와 실물 세계가 합쳐지게 될 것이라고 한다. 인터넷을 기반으로 발전해 온 디지털 사회는 구글, 야후 등을 통하여 일방향 정보를 검색하던 Web 1.0, 유튜브, 페이스북 등 쌍방향 정보 제공과 공유, 소통이 중심이 된 Web2.0을 거쳐 맞춤형 정보 제공과 보상, 탈중앙화를 특징으로 하는 Web3로 진화하고 있다. 기존의 인터넷에서는 검증되지 않은 정보의 유통, 중앙화된 플랫폼 사업자를 통한 검증이 이루어졌지만 블록체인을 기반으로 하는 Web3에서는 이용자가 자신의 데이터를 소유·관리하고 직접 가치 증명을 통하여 경제적 보상을 받을 수 있다. 이러한 시대에서 가치의 거래와 보안 인증을 담당하는 블록체인은 중요한 역할을 담당하게 될 것이다.

블록체인은 아직 초기 단계이고 디지털자산거래소를 통한 매매와 교환이 전부인 것처럼 인식되고 있다. 디지털자산에 대해서는 다음 장에서 별도로 다루겠지만 금융 분야의 응용을 제외하고도 블록체인 기술을 활용하여 물류공급망 관리, 헬스케어, 계약관리, 에너지 거래, 기부금 모금 등 민간 분야와 전자주민카드, 투표 등 공공 영역에서 다양한 서비스가 개발되고 있고, 산업생태계를 형성해 나가고 있다. 아마존은 블록체인 기반 클라우드 서비스(BaaS)인 아마존 매니지드 블록체인(Amazon Managed Blockchain: AMB)을 제공하고 있고, 마이크로소프트는 분산신원증명(DID) 기술인 아이온(ION)을 출시하였다. IBM은 블록체인 기반 AI 모델 훈련에 사용되는 데이터를 검증하는 프로젝트를 추진 중이다. 나이키, 루이비통, 프라다 등 패션업계에서도 대체 불가 토큰(Non Fungible

Token: NFT)을 발급하거나 진품 여부, 소유권 증명 등을 위하여 자신들의 제품을 블록체인으로 등록하고 있다. 구매한 제품의 정확한 출처와 유통 과정을 추적하여 공급망의 신뢰성 있는 관리가 가능하다. 또한 스카이마비스(Sky Marvis), 대퍼랩스(Dapper Labs) 등 게임, 엔터테인먼트 업계도 P2E(Play to Earn), NFT 발급 등을 통하여 블록체인을 활용하고 있다. 호주의 파워렛저(Power Ledger), 콘줄(Conjoule) 등 에너지업계들은 블록체인 기술과 사물인터넷(IoT)을 연계하여 신재생에너지의 생산, 저장, 소비 데이터를 실시간으로 기록하고 정보의 투명성을 높여 그린워싱(Greenwashing)과 같은 부작용을 없애고, 개인과 기업이 직접 거래할 수 있도록 하고 있다. 메이요 클리닉(Mayo Clinic), 화이자(Pfizer), 크로니클드(Chronicled) 등 의료 분야도 환자정보 등 민감한 의료 데이터를 안전하고 신뢰할 수 있는 관리 체계, 의약품 유통 이력 추적 시스템 등을 구축 중이다. 자선단체들도 GiveTack, AIDChain 등 블록체인 플랫폼을 도입하여 기부금을 모금하고 수혜자에게 제대로 전달되었는지를 증명하여 기부자에게 공개함으로써 투명성을 제고하고 있다. 미국의 최대 디지털자산거래소인 코인베이스(Coinbase)가 2024년 6월 미국 상장 대기업인 포춘 500대 기업의 블록체인 도입 현황을 조사한 결과 500대 기업의 56%가 비트코인 ETF, 토큰화, 글로벌 결제 수단, 환자 디지털자산 결제 등 블록체인 프로젝트를 추진 중인 것으로 나타났다.[07]

    국내에서도 블록체인 전문기업뿐만 아니라 플랫폼, 통신, 게임, 제조 기업 등 다양한 산업 분야와 접목되며 서비스 생태계가 확산 중에 있다.

---

07   Coinbase(2024). The Fortune 500 Moving Onchain.

02 기술: 블록체인의 출현

라인은 글로벌 NFT 플랫폼 'DOSI'를 출시하였고, SKT와 컴투스 등 통신회사와 게임업계는 NFT 거래 플랫폼을 구축 운영하고 있으며, 삼성 등 제조기업도 기존 제품에 블록체인 기술을 융합시키고 있다. 또한 대한통운도 블록체인을 활용한 제약물류 시스템을 구축하여 운영하고 있고, 신세계에서도 블록체인 기반의 디지털 명품 보증 서비스를 제공하고 있다. 공공 분야에서도 기존 전자투표 시스템에 블록체인을 적용하여 익명성, 검증성을 강화한 대규모 전자투표 시스템을 구축 중이며, 그간 공공, 민간 교육기관들이 개별로 발급해 오던 자격증명서를 블록체인 기반으로 통합 발급하는 디지털 배지(digital badge) 사업을 추진하고 있다. 더 나아가 복지, 실업급여, 재난 지원금 등 다양한 공적 지원금의 중복·부정수급, 지급 오류를 방지하고자 블록체인 기반의 통합관리 체계를 강구하고 있다.

03

시장: 디지털자산의 진화와 미래

    디지털자산(digital assets)은 블록체인 기술을 이용하여 경제적 가치를 디지털로 표현한 증표, 즉 토큰의 일종이다. 쉽게 말하면 비트코인, 이더리움 등을 일컫는 용어로 우리나라에서는 가상자산(virtual assets), 유럽이나 일본에서는 암호자산(crypto assets)이라고 불리고 있다. 최근에는 가상자산에 대한 부정적 이미지를 개선하거나 디지털자산 시장이 커짐에 따라 좀 더 포괄적인 의미로 사용하기 위하여 디지털자산이라는 용어를 선호하는 경향이 있다. 미국이 추진 중인 「21세기 금융 혁신 및 기술법안(FIT21)」을 보면 디지털자산을 "암호화 기술을 기반으로 한 분산원장 기술을 이용하여 가치를 디지털로 구현한 것"[08]으로 정의하고 있다. 그러나 디지털자산을 법적 용어인 가상자산, 암호자산과 같은 범주에 국한하게

---

08   미국 Financial Innovation and Technology for the 21st Century Act 법안은 디지털자산을 "any fungible digital representation of value that can be exclusively possessed and transferred, person to person, without necessary reliance on an intermediary, and is recorded on a cryptographically secured public distributed ledger."라고 정의하고 있다.

되면 증권형 디지털자산이나 디지털 법정 화폐(CBDC) 등 블록체인 기술을 활용하는 중요한 자산의 경우에는 디지털자산의 범주에서 제외될 수 있다. 각국의 법령에 대해서는 나중에 살펴보겠지만 대부분이 증권형 디지털자산은 증권으로 보아 증권 관련법에 대상이 되도록 하고 CBDC는 중앙은행이 발행하는 디지털 화폐로서 디지털자산의 범주에 넣지 않고 있다. 법규율 측면에서 정확성을 위하여 디지털자산을 좁은 의미로 보는 것은 필요하지만, 여기에만 국한하면 디지털자산과 시장의 변화를 보는 측면에서는 자칫 디지털자산을 활용한 상장지수펀드(ETF) 등 파생상품이나 아직 법적 규율이 정립되지 않은 분산 금융(DeFi) 등 중요한 진전 상황을 놓치게 된다. 따라서 여기서는 디지털자산은 암호자산, 가상자산 등을 주로 보지만 이뿐만 아니라 블록체인 기술을 이용한 증권형 디지털자산, CBDC 등 전자적 증표, DeFi 등 분산금융 체제, 디지털자산을 기초자산으로 하는 파생상품 등을 포괄하는 광의의 의미로 사용한다. 이 장에서는 비트코인, 이더리움 등 디지털자산의 세대별 진화, 유형 등을 알아보고 DeFi, 디지털자산 활용 ETF, CBDC 등 디지털자산 생태계가 어떻게 확산되고 있는지, 미래 금융시장에 미치는 영향은 어떨지도 살펴본다.

1) 디지털자산의 진화

디지털자산은 비트코인, 이더리움 등 2024년 1월 기준 세계적으로 9,024종이 거래되고 있고, 우리나라도 607종이 있다. 디지털자산은 종류가 다양해졌을 뿐 아니라 기능, 속도, 상호운영성 등을 개선하면서 지속적으로 진화해 왔다. 비트코인과 같은 형태를 1세대 디지털자산이라 하고, 이더리움 이후를 2세대 디지털자산, 최근에는 거래의 속도와 블록체인 간의 상호운영성을 증진시키는 디지털자산이 출현함에 따라 3세대로 나뉜다.

(1) 1세대 디지털자산: 비트코인, 리플

1세대 디지털자산은 중앙 통제를 받지 않는 화폐를 대체하여 지급결제에 활용하기 위한 수단으로 등장한 초기 디지털자산들이다. 비트코인, 비트코인에 확장성을 개선한 비트코인 캐시(Bitcoin Cash), 리플(Ripple), 도지코인(Dogecoin) 등이 있다. 비트코인은 블록체인 기술, 정확하게는 퍼블릭 블록체인을 이용한 최초이자 대표적인 디지털자산이다. 앞에서 설명한 대부분의 블록체인 기술이 비트코인에서 구현된 것이다. 2008년 11월 사토시 나카모토는 "Bitcoin: A Peer to Peer Electronic Cash System"이라는 논문을 통하여 비트코인을 소개하고 2009년 1월 최초의 블록(Genesis Block)를 생성하였다. 사토시는 논문을 통하여 2008년 금융 위기는 중앙집권화된 화폐 시스템으로 인하여 발생하고 대응 과정에서 미연준의 구제금융과 양적 완화로 화폐 가치 하락과 인플레이션이 일어나게 되었다고 비판하면서 화폐 가치를 임의로 조정할 수 없는 탈중앙화된 화폐 시스템이 필요하다고 주장하였다. 사토시는 앞서 설명한 블록체인 기술을 활용하여 중앙통제 시스템이 없는 분산원장 시스템을 구축하였다. 블록은 1MB 크기로 초당 7개의 거래를 처리하도록 하였으며 매 10분마다 블록이 형성되도록 하였다. 이때 합의 알고리즘으로 작업 증명 방식을 채택하였다. 블록생성자(채굴자)는 보상으로 비트코인을 받도록 하였으며, 비트코인의 가치를 유지하려고 발행 총량을 2,100만 개로 한정하였다. 최초 블록을 기점으로 매 21만 개 블록마다 채굴 보상이 반감되도록 함으로써 마지막 보상은 2140년경에 도래할 것으로 예상된다. 2012년 이후 4년을 주기로 4번의 반감기[09]가 도래하였으며, 최초에는 50개의 비트코인을 주었으나 2024년 4월부터는 3.125개를 받고 있다.

비트코인은 최초로 2010년 5월 미국의 파파존스에서 78달러 어치 피자 2판을 사려고 10,000 비트코인이 사용되었으나, 시간이 지나면서 비트코인의 가격은 급등하여 2024년 3월 11일 국내 디지털자산거래소인 업비트에서 사상 처음 1억 원을 돌파하였고 해외 시장에서는 7만 3,750달러까지 치솟았던 적도 있다. 비트코인은 경제 여건, 반감기 등 이벤트, 디지털자산거래소의 해킹 등으로 등락을 반복하고 있지만 아직까지는 추세적으로 우상향하고 있으며, 디지털자산 시장 내에서도 다른 디지털자산의 가격에 비하여 월등히 높은 수준을 유지하는 등 대표적인 디지털자산으로서의 지위를 가지고 있다. 이에 따라 비트코인 이외의 코인을 알트코인(Alt coin)으로 통칭하기도 한다. 이러한 비트코인의 출현과 새로운 시장을 형성하는 현상은 규제 당국과 학계, 경제계 등에서 찬반양론을 촉발시키기도 하였다.

---

09   비트코인 반감기: 1차(2012.11), 50개→25개, 2차(2016.7), 25개→12.5개, 3차(2020.5), 12.5개→6.25개, 4차(2024.4), 6.25개→3.125개

비록 비트코인이 그동안 분산원장 기술에서 난제였던 이중 지불 문제를 해결하고 분산 네트워크의 가능성을 제시하였고, 아직도 대표적 지위를 보유하고 있지만 블록체인 기술의 내재적 한계, 불안정한 시장의 현실 등으로 당초 의도하였던 화폐적 기능을 수행하기에 어려움이 있다는 비판을 받아 왔다. 우선 비트코인은 초당 7개 거래 처리와 매 10분마다 블록이 생성되는 구조로서 거래량이 증가함에 따라 블록 크기, 속도가 대응하여 커져야 하는 확장성 문제가 지속적으로 제기되었다. SegWit[10]를 통한 소프트 포크로 거래 수용량을 확대하였으나 블록 크기를 4MB로 확장되는 데 그쳐 충분한 속도를 낼 수 없었다. 2017년에는 지급 결제 기능을 강화하기 위하여 블록 크기를 8MB로 늘리는 하드 포크를 단행하여 비트코인 캐시(Bitcoin Cash)를 출범하였으나 초당 10,000건에서 20,000건의 거래를 처리하는 중앙집중식인 비자(Visa) 시스템과 경쟁은 역부족이었다. 이에 따라 비트코인은 높은 가격 변동성과 함께 확장성의 문제로 화폐로서의 인식은 저조하다. 비트코인의 가치에 대해서도 논란이 있다. 현재 높은 가격을 보이고 있지만 가격변동성이 클 뿐 아니라 최악의 경우 투입자금을 한푼도 건질 수 없다는 우려가 항상 내재되어 있다. 이 때문에 비트코인 비판론자들은 17세기 네덜란드의 튤립 광풍과 같은 투기적 현상이라고 평가절하기도 한다. 또한 비트코인의 합의 알고리즘인 작업 증명은 경쟁적인 채굴로 인하여 전기에너지 소모가 많아 기후 변화 대응에 반한다는 국제 사회의 반대가 커져 갔다. 비트코인 채

---

10   SegWit은 블록 내 포함되어 있는 데이터 중 거래 내역 이외 전자서명 데이터(witness)를 분리 보관하도록 하는 방식이다. 블록 내에 75%를 차지하는 전자서명 데이터가 분리됨에 따라 한 블록 내에서 더 많은 거래 내역을 처리할 수 있다.

굴이 전 세계 전력의 0.5%를 차지하며 최근 비트코인 1개를 채굴하는 데 대략 일반 가정에서 사용하는 전기의 9년치가 소모된다는 연구도 있다. 이러한 기술적 한계와 더불어 비트코인이 거래되는 방식에 대한 비판도 제기되었다. 비트코인이 중앙화된 디지털자산거래소를 통하여 주로 거래된다는 것이다. 이는 당초 사토시가 중앙화 시스템의 문제를 피하기 위하여 제3의 기관이 없이도 비트코인 거래가 가능한 분산 네트워크를 개발하였던 의도와 배치되는 것이고, 이에 따라 단일 실패점이 생겨 해킹, 부정 거래 등의 문제가 다시 발생하게 되는 문제를 반복하게 되는 것이다. 이후 나타나는 디지털자산들은 이러한 비트코인의 취약점들을 보완해 나가고 있다.

1세대 디지털자산 중 지급 결제로 사용성이 높은 것은 리플이다. 비트코인은 분산화된 장부관리의 가능성을 보여 주었지만 당초 민간 발행 화폐라는 지향성과 달리 가격변동성, 거래 처리 속도, 용량의 한계로 지급 결제 수단의 기능은 미흡하였다. 리플은 2013년 국제 송금에 사용되는 국제금융결제망(SWIFT) 시스템이 가지고 있는 높은 수수료, 송금 속도 지연, 복잡한 처리 과정 등의 문제를 해결하기 위하여 나타났다. 블록체인을 기반으로 하여 송금 수수료가 저렴하고 리플을 활용하여 환전하지 않고도 전 세계에 실시간으로 송금을 할 수 있다. 리플은 거래원장을 블록체인 네트워크에서 공유하지만 비트코인과 달리 디지털자산 생성, 네트워크 관리를 중앙에서 수행하는 시스템이다. 이에 따라 낮은 수수료와 빠른 속도를 구현할 수 있다. 리플은 강력한 송금 기능을 바탕으로 기존 은행들을 대체하기보다는 이들과 협력 체계를 만들어 가고 있다. 리플은 아메리칸 익스프레스(American Express: 미국), 스탠다드 차타드(Standard Chartered: 영국), SBI 홀딩스(일본), 산탄데르(Santander: 스페인) 등 여러 나라 은행들과 양해 각서(MOU)를 맺고 리플 기반의 국제 송금 서비스를 제공하고 있다.

(2) 2세대 디지털자산: 이더리움, 디앱

2세대 디지털자산은 이더리움이 대표적이며, 스마트 계약(Smart Contract)과 디앱(Decentralized Application: DApp) 등을 통하여 1세대의 단순한 지급 결제와 거래장부 작성 기능을 넘어 블록체인 네트워크 내에서 다양한 분산형 생태계가 형성되도록 하였다. 디앱을 통하여 다양한 응용 네트워크가 만들어지고 토큰이 발행되며, 이더리움이 달러 등 현실 세계의 기축통화와 같이 다른 토큰의 기축자산이 되기도 한다. 이더리움을 기반으로 하는 주요 디앱으로 분산형 디지털자산 거래소인 유니스왑(UniSwap), 스시스왑(SushiSwap), 대출 서비스를 하는 컴파운드(Compound), 메이커다오(MakerDAO) 등으로 다양하며 현재도 많은 디앱이 만들어지고 있다. 이더리움 이외의 2세대 디지털자산으로는 비디오스트리밍(video streaming) 등 콘텐츠 거래를 제공하는 세타(THETA), 콘텐츠 작성 시 보상을 하는 스팀(STEEM), 중국이 개발한 네오(NEO) 등이 있다.

이더리움은 비탈릭 부테린(Vitalik Buterin)이 비트코인이 디지털자산의 단순 거래에 국한해서 쓰이는 한계와 중앙화 거래소에 대한 비판을 토대로 이를 극복하기 위하여 개발하였다. 비트코인이 나타난 지 5년 후인 2013 백서를 발간하였으며, 2015년 ICO(Initial Coin Offering)를 하였다. 이더리움 네트워크는 비트코인과 같이 이더(ETH)[11]라는 디지털자산을 생성한다. 네트워크는 참여자들이 블록체인 기술을 생성하면 이더를 지급하게 된다. 초당 15개의 거래를 처리하며 1분에 4개의 블록을 추가할 수 있고, 한 블록당 150~300개의 거래 내역을 기록할 수 있어 비트코인에 비하여 속도와 확장성이 개선되었다. 또한 네트워크 내에서 거래를 발생시키면 이더로 수수료를 지급하는데 이를 가스(GAS)라고 한다. 그러나 이더리움이 디지털자산 시장의 발전 측면에서 중요한 것은 지급 결제 기능 이외에 더 혁신적인 기능을 포함하여 블록체인의 탈중앙화 정신을 충실히 실행하고 블록체인 네트워크 내에서 다양한 금융·경제활동이 일어날 수 있는 기반(platform)을 제공하여 비트코인과 달리 새로운 디지털자산 생태계를 구현하고 있다는 점이다. 이를 가능케 하는 것이 스마트 계약과 분산형 애플리케이션(DApp) 개발 기능이다.

　스마트 계약은 특정 계약 조건을 컴퓨터 프로그램으로 만들어 놓고 이를 만족하였을 경우 자동으로 지급을 실행되도록 하는 것이다. 비트코인의 경우 디지털자산 지급 계약은 블록체인 밖의 실제 현실(off-chain)에서 맺고 이에 따른 거래는 블록체인으로 하도록 하였으나, 이더리움에서는 참여자들이 블록체인 네트워크에서 계약 내용을 조건으로 넣으면 이에 따라 자동으로 지급이 가능하다. 이렇게 되면 은행 등 제3자의 개입이 없이도 네트워크 내에서 계약 체결이 이루어지고, 이에 근거한 지급, 이

---

[11] 이더리움 블록체인에서 생성하는 디지털자산을 이더리움, 이더로 혼용하고 있으나 정식 명칭은 이더(ETH)이다.

전이 되는 완결형 거래가 이루어질 수 있으며, 지급 미이행을 사전에 예방할 수 있다. 또한 지급 계약을 어떻게 프로그램화하느냐에 따라 대출, 이자 지급, 파생상품의 거래 등 다양한 서비스를 제공할 수 있다. 그러나 스마트 계약은 분산 금융(DeFi)이 활성화되면서 중요해지는 블록체인 밖의 정보에 접근할 수 없는 한계를 가지고 있다. 이를 보완하기 위하여 오라클(oracle) 기능을 사용하기도 한다. 오라클은 블록체인의 외부 정보를 블록체인 안으로 가져오는 프로토콜이다. 스마트 계약이 날씨, 증권 가격, 다른 블록체인의 디지털자산 가격 등 외부 정보를 기반으로 맺어진 경우 오라클을 통하여 정보를 받는다.

분산형 애플리케이션 개발 기능은 이더리움 네트워크와 스마트 계약을 기반으로 하여 참여자들이 이더리움 네트워크 위에서 작동하는 다양한 응용 블록체인을 개발하여 운영할 수 있도록 하는 것이다. 네트워크 구조에서 Layer 1인 이더리움 네트워크에 Layer 2에 해당하는 응용 프로그램을 이용하도록 하여 이더리움의 활용성을 확대하는 방법이다. 휴대폰에서 iOS나 안드로이드 운영 체제를 활용한 다양한 앱을 만들고 이를 다운받아 쓸 수 있듯이, 이더리움 참여자들도 쉽게 응용 블록체인을 만들고 이용할 수 있도록 한 것이다. 이에 따라 네트워크 참여자들은 참신한 아이디어로 새로운 대출, 보험 등 금융 서비스를 제공하는 블록체인을 만들 수 있고, 자기가 만든 블록체인에서 이더와 다른 토큰(token)[12]을 만들

---

12 디지털자산에서는 코인(coin)과 토큰(token)을 구분하고 있다. 비트코인이나 이더리움과 같이 주 블록체인에서 만들어지는 디지털자산을 코인이라 하고, 응용 블록체인에서 만들어지는 것을 토큰이라 한다. 일반적으로 블록체인에서 만들어지는 전자적 증표를 토큰이라 하며 토큰이 코인을 포함한 더 넓은 의미로 쓰인다.

수 있으며, 이더와 교환 비율을 정하는 등 이더를 준거 자산으로 사용하기도 한다. 또한 이더리움이 초기에 역점적으로 추진한 분산형 자율조직(Decentralized Atonomous Organization: DAO)을 활용하여 운영 방식, 자금 할당, 보상 등에 대한 집단적 의사결정과 거래가 이루어지는 체계를 만들 수 있다. 이더리움은 The DAO를 통하여 분산형 자율조직을 구현하였다. 그뿐만 아니라 유니스왑과 같은 분산형 거래소(Decentralized Exchange: DEX)를 만들어 중앙거래소 없이 디지털자산을 거래할 수 있다.

스마트 계약, 디앱으로 다양한 블록체인 네트워크가 출현함에 따라 블록체인 간 연계와 상호 운영에 대한 요구가 늘어났다. 이를 가능게 하는 것이 브릿지(bridge)이다. 브릿지는 서로 다른 블록체인 네트워크들을 연결해 한 블록체인에서 다른 블록체인으로 디지털자산을 옮길 수 있도록 하는 기술이다. 예를 들면 비트코인을 비트코인 블록체인에서 이더리움 블록체인으로 이동시켜 유통되도록 하는 것이다. 가장 일반적인 방법이 락 앤 민트(Lock and Mint) 기법이다. 원래 블록체인에 스마트 계약으로 일정량을 묶어 놓고 옮기려는 블록체인에 복사판 토큰을 발행하는 방식이다.

이더리움은 그간 운영을 바탕으로 네트워크를 개선해 오고 있다. 2016년 3월 The DAO가 해커의 공격으로 탈취되는 등 보안상의 피해가 발생하여 이를 보강한 하드 포크를 단행하였다. 그러나 인위적인 하드 포크에 반대한 일부 참여자들이 기존 네트워크에 잔류하여 이를 이더리움 클래식이라 한다. 일반적으로 이더리움이라고 하면 하드 포크를 한 네트워크를 말한다. 이더리움은 비트코인과 같이 당초 합의 알고리즘을 작업 증명 방식을 사용하였으나 2022년 에너지 문제 등을 비판에 대응하여 지분 증명 방식으로 변경하였다. 또한 확장성, 속도를 개선하는 이더리움2.0을 추진 중에 있다. 이더리움은 2017년 이후 거래량이 증가함에 따라 확장성 확보가 긴요하였다. 이더리움 네트워크 내에서 데이터를 분할하여 보관하는 샤딩(sharding)을 도입하였고, 폴리곤(Polygon), 옵티미즘(Optimism), 아비트럼(Arbitrum) 등 Layer 2인 사이드체인을 만들어 복잡한 거래 내용을 처리하고 결과를 본체인(Layer 1)과 공유하는 롤업 방식을 활발히 하였다. 이더리움은 비트코인의 한계를 극복하고자 많은 노력을 기울였지만 아직 풀어야 할 과제도 많다. 지분 증명 방식의 경우 에너지 논란은 불식시켰지만 지분이 많은 참여자가 검증자(validater)가 됨에 따라 부익부 현상을 심화시킨다는 논란을 야기하였고, 높은 수수료는 이더리움 활성화에 장애 요소로 거론되기도 한다. 또한 확장성을 위하여 블록체인 기술인 샤딩, 롤업 등 시도를 하였지만 보안과 탈중앙화를 희생한 결과라는 비판도 만만치 않다. 그러나 다른 블록체인들의 플랫폼 역할을 수행함에 따라 블록체인의 새로운 생태계를 형성하였다는 점에서는 디지털자산 진화에 기여한 바가 크다.

(3) 3세대 디지털자산: 확장성과 상호운영성

3세대 디지털자산은 이더리움 등 2세대 디지털자산의 속도 등 확장성의 한계, 높은 수수료, 다른 블록체인 간 연결과 상호 운영 곤란 등 문제를 해결하기 위하여 나타났다. 3세대 디지털자산은 확장성을 제고하기 위하여 샤딩이나 Layer 2의 확장 등을 해결하기도 하지만 Layer 2 위에 Layer 3을 운영하기도 하고, 네트워크의 부담을 줄이는 합의 알고리즘(예: DAGs: Directed Acyclic Graphs)을 사용하기도 한다. 서로 다른 블록체인 간 상호운영성을 높이기 위하여 브릿지 등 다른 외부 프로그램의 개입 없이 자체적으로 통신 프로토콜을 만들어 서비스를 제공하고 있다. 더 나아가 인공지능(AI)을 이용하여 좀 더 분석적이고 개선된 의사결정이 이루어지도록 하거나 사물인터넷(IoT) 기술과 연계하여 효율성을 높이고, 영지식 증명 등을 이용하여 개인정보 보호를 강화하는 노력을 하고 있다.

3세대 디지털자산에는 카르다노(ADA), 아발란체(AVX), 솔라나(SOL), 수이(SUI), 폴카닷(DOT), 코스모스(ATOM) 등이 있다. 카르다노는 2017년 구현되었으며, 확장성을 위하여 빠른 속도와 보안성이 강화된 Ouroboros 합의 알고리즘을 채택하고 3 Layer 구조를 가지고 있다. 초당 1,000개의 거래를 처리하며 모바일 환경에 최적화되어 개발되었다. 아발란체는 초당 7,000건의 거래 처리하도록 속도를 향상시키고 상호운영성을 강화하여 블록체인의 트릴레마(확장성, 탈중앙화, 보안)를 상당 부분 해결한 것으로 평가받는다. 솔라나는 2020년에 서비스를 시작하였으며, 초당 50,000건의 거래 처리, 400밀리초당 1개의 블록 생성 등 빠른 속도와 이더리움 대비 현저히 낮은 거래 수수료($0.0001)로 2020년 중반부터 관심을 받기 시작하였다. 솔라나는 Layer 1 계층의 메인넷으로 DeFi, 게임, NFT 등을 구현하는 데에 이더리움을 대체할 수 있을 것이라는 평가도 있다. 2023년 출시된 수이는 병렬 트랜젝션 실행으로 초당 10,000

건에서 최대 120,000건의 트랜잭션을 처리할 수 있다. 폴가닷은 Layer 3 계층구조로 구성되어 있으며, 서로 다른 블록체인 간 상호운영성을 확대하는 데 집중하고 있다. 코스모스는 블록체인의 인터넷을 표방하며 상호운영성 프로토콜인 Inter-Blockchain Communication(IBC)을 이용하여 블록체인 간, 블록체인과 디앱 간 연결 서비스를 제공한다. 한편 블록체인 기술이 아닌 탱글(tangle)[13]을 이용한 분장원장 기술로 디지털자산을 구현한 아이오타(IOTA: Internet of Things Application)도 나타났다. 아이오타는 사물인터넷 기술과 결합하여 디지털자산의 응용 범위를 넓히고 있다. 우리나라는 이러한 추세에 대응하고자 2024년 8월 카카오의 클레이튼(KLAY)과 네이버의 핀시아(FNSA)를 결합하여 카이아(KAIA)를 출범하였다.

2) 디지털자산의 유형: 거래 수단에서 실물 연계로

디지털자산은 기능적 측면에서 발전하면서 성격과 유형도 다양화하고 있다. 크게 유틸리티형 디지털자산(utility digital assets)과 스테이블코인(stablecoin)[14]으로 나눌 수 있다. 유틸리티형 디지털자산은 블록체인 내 재화나 서비스 대가를 지불하거나 블록체인을 이용하기 위하여 사용되는 디지털자산이다. 비트코인, 이더리움 등 우리가 알고 있는 대부분의

---

13 탱글은 DAG(Directed Acyclic Graph) 기반의 새로운 알고리즘을 이용하여 블록 없이 거래를 검증하도록 하는 기술로서 블록체인 기술에서 문제되었던 수수료, 거래 속도 등을 개선할 수 있다.

14 스테이블코인은 가치안정형 디지털자산, 스테이블 디지털자산 등으로 불리어지나 널리 국내외적으로 사용하는 용어인 스테이블코인을 쓴다.

03 시장: 디지털자산의 진화와 미래

디지털자산은 블록체인 네크워크 내에서 거래를 하기 위하여 만들어진 것으로 유틸리티형에 속한다. 그러나 이러한 디지털자산은 내재 가치가 없고 가격의 변동성이 커 신뢰성을 담보하는 데 어려움이 있다는 지적을 받았다. 이에 대응하여 나타난 것이 법정 화폐 등 다른 안전자산과 일정 비율로 교환되는 스테이블코인들이다. 스테이블코인은 가격의 안정성이 담보됨에 따라 지급 수단의 하나로 부각되고 있다. 또한 디지털자산 중에는 주식, 채권 등과 같은 증권의 성격을 가진 경우 증권형 디지털자산으로 분류되기도 한다. 대부분 나라에서는 증권형 디지털자산을 법적으로 디지털자산에서 제외하고 증권으로 분류하여 증권 관련법에 따른 엄격한 규제를 하고 있다. 이에 따라 디지털자산 개발자들은 자신이 개발한 디지털자산이 규제가 많은 증권에 해당되지 않도록 설계하려고 하지만 가끔 증권 규제 당국과 갈등을 빚기도 한다. 이 밖에 다른 토큰과 대체가 불가능하고 고유의 가치를 가진 대체 불가 토큰(Non Fungible Token: NFT)도 발행되고 있으며, 최근에는 채권, 주식 등 단순 자본자산뿐만 아니라 금, 은, 부동산 등 실물자산과 특허, 저작권 등 무형자산을 토큰화 (tokenization)하는 실물 기반 디지털자산(Real World Assets: RWA)도 확산되어 실물과 가상공간의 연계가 커져 가고 있다.

(1) 스테이블코인

스테이블코인은 특정 자산 등과 연계하여 안정적인 가치를 유지하는 디지털자산을 의미한다.[15] 유틸리티형 디지털자산은 담보된 자산이 없고 가격 변동이 심하여 투기 용도로 활용된다는 논란이 많지만 특정 자산에 담보하게 되면 안정성이 커져 지급 결제 수단으로 활용성이 더 커지게 된다. 스테이블코인은 연계하는 특정 자산에 따라 달러 등 법정 화폐 담보형, 채권·주식 등 금융상품 담보형, 금·원자재 등 일반자산 담보형, 비트코인·이더 등 다른 디지털자산 담보형으로 여러 가지 있을 수 있다. 법정 화폐와 금융상품은 서로 혼합해서 담보로 사용하기도 한다. 한편 테라-루나처럼 컴퓨터 알고리즘을 통하여 가격 변동에 대응하여 공급을 조절하는 방식으로 일정하게 가치를 유지하는 알고리즘 기반 방식도 스테이블코인이라고 시장에서는 부르고 있으나, 유럽연합(EU)과 일본에서는 스테이블코인의 범주에 넣지 않고 유틸리티형으로 분류하기도 한다.

법정 화폐 담보형은 달러, 유로 등 법정 화폐와 디지털자산을 1:1로 패깅하거나 법정 화폐와 미 국채 등 안전자산을 함께 담보로 하는 것이다. 주요 디지털자산으로는 2014년 홍콩의 비트파이넥스가 달러와 1:1로 연계하여 발행한 테더(USDT), 미국의 Circle사가 법정 화폐와 미 단기국채를 담보로 발행한 USDC, 바이낸스의 BUSD, JP모건의 JPM코인 등이 있다. 페이스북(현 메타)도 전 세계 23억 명 이상이 이용하는 페이스북망을 통하여 주요국의 화폐, 은행담보금, 단기국채 등에 연계된 디엠(Diem, 구 Libra)을 추진하기도 하였다.[16] 법정 화폐 담보형은 디지털자산

---

15   "The term stable commonly refers to a crypto-asset that aims to maintain a stable value relative to a specified asset, or a pool or basket of assets." FSB, " Regulation, Supervision and Oversight of Global Stablecoin Arrangments, 2020.10. at 9.

16   페이스북은 2019년 6월, 2020년 상반기부터 달러, 미 단기국채 등에 연계된 스테이블코인으로 리브라(Libra)를 세계 최대 소셜네트워크(SNS)인 페이스북을 통하여 발행하여 운영할 계획을 발표하였으나, 세계 각국에서 국가통화 주권 침해, 금융정책에 따라 자금세탁에 악용 등으로 반대가 거세지고 페이스북의 개인정보 도용 문제가 불거지면서 논란이 커지자 추진계획을 보류하였다. 2020년 명칭을 리

의 보유자의 상환 요구와 뱅크런에 대비하여 지급준비금을 보유하여야 한다. 발행기관은 달러, 미국 국채 등 담보자산을 100% 준비금으로 보유하여야 한다. 테더는 당초 달러를 100% 담보하기로 약속하였으나 실제는 현금성 자산 외에 투자성 자산도 포함된 것으로 알려졌고, 서클(Circle)은 현금과 미단기 국채를 준비금으로 보유하고 있다. 디지털자산 담보형은 비트코인이나 이더리움 등 다른 디지털자산을 담보로 발행하는 디지털자산이다. 대표적인 것이 이더리움 기반의 MarkerDAO 블록체인에서 발행하는 다이 코인(Daicoin: DAI)이다. 이용자들은 MakerDAO에서 스마트 계약 방식으로 자신이 가지고 있는 이더리움을 담보로 잡히고 DAI를 발행한다. 다만, DAI를 발행하기 위하여 발행 가치의 170% 이상을 담보로 요구하여 과도하다는 비판을 받고 있다.

The Block에 따르면, 스테이블코인은 2020년부터 지속적으로 증가하여 2022년 3월 1,804억 달러로 최고치를 달성한 후 감소하다가 2023년 9월 이후 증가세를 보이고 있다. 2024년 3월 시총 규모가 1,536억 달러이며 전체 디지털자산 시장의 8%[17]에 달한다. 이 중에서 달러 기반 스테이블코인이 1,530억 달러로 99%에 달하고 유로 기반은 6억 달러 수준이다. 스테이블코인은 아직 전통 금융시장에 비하여 크지 않으나 가치 안정 등 장점으로 미래 결제 수단으로 부각되면서 수요가 많아지고 법정화폐 담보형을 중심으로 신규 발행도 늘어나고 있다. 2022년 글로벌 디지털자산거래소에서 거래되는 디지털자산 중 83%가 스테이블코인이 차

브라에서 디엠(Diem)으로 변경하였다.

17　BIS(2024). Stablecoins: regulatory responses to their promise of stability.

지하였다.[18] 2023년 8월 미국의 지불 결제업체인 페이팔(PayPal)이 자체 스테이블코인인 PYUSD을 발행하였으며, 2024년 4월부터 PYUSD을 미국 고객을 대상으로 수수료 없는 국제 결제 서비스를 제공하기 시작하였다. 2024년 4월 리플도 자체 스테이블코인(RLUSD)을 발행하기로 발표하였다. 2023년 12월에는 프랑스 3위 은행인 소시에테 제네랄도 유로화 스테이블코인인 코인벌티블(EURCV)을 발행하였다. 또한, 스테이블코인은 다양한 분산 금융 서비스에서 담보로 사용되거나 지급 결제 수단으로 이용이 증가하고 있다. JP모건 등 금융기관도 결제 수단으로 활용도를 확대해 나가고 있고, 비자도 2023년 비자카드를 사용하여 USDC 결제가 가능하도록 하였다. 온도파이낸스(ONDO)는 USDY(USD Yield)라는 스테이블코인을 통하여 단순히 달러와 연동할 뿐 아니라 이자 수익도 제공하고 있다. 일본도 2023년 스테이블코인 도입 근거를 마련함에 따라 미쓰비시 UFJ 등이 엔화 기반의 스테이블코인(DCJYP) 발행을 추진 중이다. 블록체인 데이터를 분석하는 토큰 터미널에 따르면, 월간 스테이블코인 전송량은 2020년 10월 1,000억 달러에서 2024년 1월 1.69조 달러로 4년간 16배 이상 증가하였다.

(2) 증권형 디지털자산

증권형 디지털자산(security token)이란 디지털자산을 발행한 주체

---

18   2022.06.19. https://www.statista.com/statistics/1255835/stablecoin-market-capitalization/

가 수행하는 사업 과정에서 발생하는 수익의 일부를 배분받거나 배당받는 등의 권리가 부여된 디지털자산이다. 발행자는 기존의 주식, 채권 등 금융자산뿐만 아니라 부동산 등 실물자산을 기초자산으로 하여 블록체인 기술을 통하여 증권형 디지털자산을 발행할 수 있다. 그러나 이렇게 발행한 디지털자산이 모두 증권형이 되는 것은 아니다. 증권형 디지털자산이 되기 위해서는 증권성을 띠어야 한다. 증권성이란 미국의 하위(Howey) 기준에 따라 증권성 여부를 판단하고 있다. 그러나 현실에서는 어떤 디지털자산이 증권형인지를 판가름하는 것은 쉬운 일이 아니다. 이에 대한 논의는 뒤에 디지털자산의 법적 성격에서 구체적으로 살펴본다. 증권형으로 분류되면 미국, 유럽연합(EU) 등 대부분 나라에서 디지털자산에서 제외시키고 증권으로 보아 증권 관련법에 의한 규제를 받게 하고 있다. 기술적으로는 블록체인 기술을 이용한 디지털자산이지만 법적으로는 디지털자산이 아닌 것이다. 또한 디지털자산의 발행도 일반 디지털자산의 경우 ICO(Initial Coin Offering)라고 하지만 증권형은 STO(Security Token Offering)라고 달리 부른다.

증권형 디지털자산은 증권으로서 많은 규제를 받게 되지만 일반 디지털자산에 비하여 이익이나 자산 분배 등을 통하여 투자자를 모으기 용이할 뿐 아니라, 통상적인 증권 발행보다 비용이 저렴하고 거래 단위 분할 등과 같은 조각 투자를 통하여 부동산, 미술품같이 기존에 증권으로 발행되기 어려웠던 자산의 증권화가 쉽고, 소액 투자자들에게도 기회를 줄 수 있는 장점이 있다. 프랑스, 스위스, 영국 등에서는 증권 관련법을 개정하거나 규제 샌드박스 등을 활용하여 도입하고 있다. 우리나라와 같이 증권형 디지털자산이 금지되어 왔던 나라에서는 「자본시장법」 등 증권 관련 법령을 개정하여 도입을 추진하고 있다. 2022년 세계 증권형 디지털자산의 시장 규모는 3,000억 달러(약 370조 원 상당)이며, 미국 시티은행에 따르면 2030년까지 4~5조 달러에 달할 것으로 예상된다. 미국에서는 12개의 증권형 디지털자산거래소가 운영되고 있고, 일본은 2023년 증권형 디지털자산 발행량이 976억 엔(8,550억 원 상당)으로 주식시장의 18%에 달한다. 주요 증권형 디지털자산 발행 사례를 보면 채권, 주식, 부동산 등 다양한 자산을 활용하고 있다. 프랑스에서 2019년 소시에테 제네랄이 커버드 본드(covered bond: 이중상환청구권부채권)를 증권형 디지털자산으로 1억 유로 발행하였고, 스위스에서도 Mt Pelerin Group이 주식을 디지털자산으로 발행한 사례가 있다. 일본의 SBI홀딩스는 자회사인 SBI e 스포츠 주식을 STO로 발행하였고, 미국 부동산신탁회사인 아스펜 리츠(Aspen REITs)도 리조트를 인수하면서 지분의 18%에 달하는 1,800만 달러를 STO를 통하여 조달하였다. 2023년 독일 지멘스(Siemens)도 6,000만 유로 규모의 회사채를 증권형 디지털자산으로 발행하였다. 우리나라에서도 2023년 증권형 디지털자산에 대한 발행 유통 방침을 발표함에 따라 국내 금융기관과 핀테크 기업들이 시장에 진입할 준비를 하고 있다. 한국투자증권이 카카오 뱅크 등과 토큰증권 연합을 형성하였고, 증권사들도 STO 증권사 컨소시엄을 구성하였으며, 은행권도 은행권 STO 컨소시엄을 추진하고 있다.

(3) 대체 불가 토큰

대체 불가 토큰(Non Fungible Token: NFT)은 블록체인 기술을 이용하여 1개 또는 소수로 발행되고 고유한 성질을 가지며, 다른 토큰과 대체가 되지 않는 디지털자산이다. 일반적으로 가상자산, 암호자산으로 불리는 디지털자산과 구분된다. 비트코인, 이더 등 디지털자산은 대량으로 발행되어 동일한 가치를 가지고 있어 교환과 거래가 되고 서로 대체될 수 있으나, NFT는 개별 NFT가 고유성과 희소성이 있어 다른 토큰으로 교환될 수 없다. 기술적으로는 대체될 수 있는 디지털자산은 이더리움에 기반한 ERC20 표준을 사용하나 NFT는 ERC721 또는 ERC1155를 사용한다. NFT는 스마트 계약을 통하여 소유자를 지정할 수 있고 복제가 불가능하여 디지털자산의 소유 증명으로 이용된다. 이러한 특성으로 게임 아이템, 디지털아트 작품 등 디지털 수집품에 주로 활용되며 노래, 그림, 동영상, 메타버스 내 부동산 등 다양한 대상을 NFT로 발행하기도 한다. NFT가 디지털자산과 구별되기는 하나 발행 방식, 이익 분배 여부 등에 따라 디지털자산 또는 증권으로 수용될 수 있다. 국제기구나 우리나라를 비롯한 여러 나라에서 NFT를 대체될 수 있는 암호자산, 가상자산 등 다른 디지털자산으로 분류하면서도 NFT를 여러 개의 대체 가능한 조각으로 나누어 거래를 하거나 대량으로 발행하여 대체성을 가지는 경우 암호자산으로 보고 있다. 또한 사업 과정에서 발생한 이익의 분배 등으로 사업 형태가 증권성을 충족하는 경우 증권으로 보고 있다.

NFT는 2015년 영국에서 개최된 이더리움 개발자 회의에서 처음 공개된 후 2017년부터 NFT를 활용한 시장이 나타나기 시작하였다. 게임에서 최초로 도입된 것이 가상의 고양이를 수집하여 키우고 교환하는 크립토키티(Cryptokitties) 게임이다. 이 게임 내 드래곤 고양이는 1억 8천만 원에 거래되기도 하였다. 2017년 라바랩스(LAVA LABS)는 각각 특징을 가지고 있는 디지털 캐릭터를 NFT로 만든 크립토펑크(CryptoPunks)를 발행하여 판매하였다. 이 밖에도 BAYC, Moonbirds, Meetbits 등 디지털 수집품들이 나타났다. 레오나르도 다빈치의 살바토르문디, 마음의 초상, 매일:첫 5,000일 등 디지털 미술품도 높은 가격에 판매되었고, NBA 경기 하이라이트 동영상, 인터넷 도메인 주소, 콘서트 입장권 등도 NTF로 발행되었다. 이렇게 NTF는 다양한 분야에서 활용되기도 하지만 부동산, 중고차 등 거래에 필요한 소유 정보, 물건의 내용 등을 NFT로 발행하는 등 실물경제와의 연계 활용도 시도되었다. NFT의 활용 범위를 넓혀 가지만 NTF 시장은 2021년 하반기 이후 급성장하다가 2022년 초를 정점으로 감소하고 있다. 세계 최대 NFT 거래소인 오픈시(Opensea)에 따르면, 거래 규모가 2022년 1월 48억 5,000만 달러에서 2023년 1월 4억 5,000만 달러로 줄고, 9월에는 7,660만 달러로 급감하였다.

(4) 실물 기반 디지털자산

실물 기반 디지털자산(Real World Assets: RWA)은 주식, 채권, 부동산, 금 등 다양한 실물자산을 블록체인 내에서 거래될 수 있도록 발행한 디지털자산이다. 대상 자산은 주식, 채권 등 금융자산뿐만 아니라 부동산,

금, 수집품, 광물자원 등 유형자산과 특허, 저작권, 탄소배출권 등 무형자산 등으로 다양하다. 실물자산을 토큰화하게 되면 실물자산의 거래와 관리가 더 투명해지고 효율적으로 할 수 있다. 또한 부동산, 미술품 등과 같이 일반투자자들이 접근하기 어려운 자산에 대하여 투자 접근도를 높이고 유동성을 증가시킬 수 있다. RWA는 2021년 이후 글로벌 고금리로 인하여 디지털자산 시장에 자금 유입이 감소하는 유동성 부족을 해결하기 위한 대안으로 관심을 모으기 시작하였으며, 최근에는 디지털자산 시장의 차기 테마로 떠오르고 있다.

실물자산을 담보로 한다는 측면에서 스테이블코인과 유사하지만 법정 화폐나 다른 디지털자산을 담보로 하지 않는 점에서 다르다. RWA는 증권형 디지털자산과 유사한데 발행 형태가 수익 분배와 같은 증권성을 띠게 되면 증권으로 분류할 수 있다. 따라서 RWA는 증권형 디지털 자산보다 더 넓은 개념으로 볼 수 있다. 미 채권 기반으로 발행된 온도파이낸스의 USDY 경우 미국인에게는 판매되지 않는다는 조건을 부과하였는데, 이는 미국 내에서 증권성 논란을 피하기 위한 조치로 해석된다. RWA는 대체 가능한 형태로 주로 발행되지만 필요에 따라 NFT 형태로도 발행하며, 그간 주로 이더리움 기반으로 운영되었으나 폴리곤, 스텔라, 지노시스 등 다양한 블록체인을 통하여 구현되고 있다.

지금까지 RWA는 주로 채권을 중심으로 활성화되고 있다. 선두 주자라고 할 수 있는 Centrifuse는 2017년부터 채권, 부동산 기반 RWA를 발행하고 있으며, 이를 담보로 분산 금융(DeFi)에서 대출 서비스도 시행하고 있다. 미국의 채권을 기반으로 한 RWA로는 대표적으로 Ondo

Finance를 들 수 있고, 2023년에는 Matrixdock, Swarm, Maple, OpenEden 등이 새로이 등장하였다. RWA는 다른 실물자산으로 대상을 넓혀 가고 있다. CitaDAO는 부동산 기반으로 RWA를 발행하고 있고, CREDER은 금을 담보로 RWA를 구현 중에 있다. 바이낸스(Binance)에 따르면, RWA 보유 지갑이 2022년 1월 약 1만 개에서 2023년 7월 약 4만 개로 급증하였다. 보스턴 컨설팅그룹은 2023년 6,000억 달러에서 2030년에는 16조 달러 규모로 커질 것으로 보았다.

3) 디지털자산 시장의 확산: 매매 거래를 넘어 분산 금융으로

(1) 디지털자산의 발행과 거래

디지털자산은 주로 ICO(Initial Coin Offering)를 통하여 발행된다. ICO는 주식시장의 기업 공개(IPO)처럼 디지털자산을 발행하는 대가로 자금을 모으는 방식이다. 발행자는 사업 아이디어와 핵심 비즈니스를 담은 백서(white paper)를 공개한다. ICO가 디지털자산을 발행하는 수단이기는 하지만 모든 디지털자산이 ICO를 통하여 발행되는 것은 아니다. 비트코인은 채굴을 통하여 보상으로써 제공되었으며, 최초의 ICO는 2013년 MasterCoin에 의하여 발행 수단으로 사용되었다. 디지털자산 발행자가 IPO와 다른 형태의 ICO를 하는 이유는 대부분 초기 자본이 부족한 스타트업들이 증권신고서 등 증권 관련법에 의한 절차에 대한 전문성이 부족하거나 로펌 등에 지불하여야 하는 막대한 비용을 감당하기 어렵기 때문이다. ICO 외에도 디지털자산거래소의 관리하에 디지털자산을 발행하는 IEO(Initial Exchange Offering)도 있다. 거래소가 심사하여 상장과 연계하여 발행을 주도함에 따라 신뢰성을 높이고 발행을 원활하게 하는 효과가 있다. 2019년 미국에서 바이낸스가 시작한 이후 알려졌다. 증권형 디지털자산의 경우는 STO(Security Token Offering)를 사용한다. 우리나라의 경우 2007년 모든 종류의 ICO는 금지함에 따라 디지털자산의 발행을 할 수 없다. 다만, STO의 경우는 2023년 허용 방침을 발표함에 따라 관련 법령 제개정을 통하여 시행할 수 있다. 미국의 통계조사기관인 스태티스타(Statista)에 따르면, 전 세계적으로 디지털자산은 2013년 66개에 불과하였으나 2024년 1월에는 9,024개에 이른다고 보고 있다. 이 수치는 최고치였던 2022년 2월 10,397개보다는 감소하였지만 2013년 대비로는 무려 13,578%로 증가한 것이다. 우리나라에는 2023년 현재 607종이 거래되고 있다.

ICO 등을 통하여 발행된 디지털자산은 디지털자산거래소에 상장되어 거래된다. 디지털자산거래소는 법정 통화를 가지고 매매할 수 있는 법정 통화 마켓과 디지털자산 간에 교환만 가능한 코인 마켓으로 구분된다. 디지털자산을 달러, 원화 등 법정 통화와 교환하고 거래 차익을 얻으려면 법정 통화 마켓에 상장되어야 한다. 우리나라에서는 원화 마켓이라고 한다. Coinmarketcap에 따르면, 전 세계적으로 540여 개의 거래소가 운영되고 있으며 1위는 바이낸스가 차지하고 있고, 우리나라의 업비트도 5위 수준이다. 우리나라에는 업비트, 빗썸, 코인원, 코빗, 고팍스 등 5개의 원화 마켓과 20개의 코인 마켓이 있다. 디지털자산은 거래소에서 매수·매도를 통하여 가격이 형성된다. 디지털자산 가격은 높은 가격 변동성과 고평가를 받아 왔다. 비트코인의 경우 2011년 1달러에 불과하였으나 2017년 4만 달러, 2021년에는 8만 달러까지 치솟은 뒤 2022년에는 2만 달러로 급락한 뒤 2024년 3월 7만 3,750달러까지 회복하였다. 우리나라에서는 당시 1억 원을 돌파하기도 하였다. 디지털자산 가격은 금리, 성장 등 경제환경에 영향을 받을 뿐만 아니라 일본 디지털자산거래소인 마운트곡스(Mt. Gox)사 해킹, 미국 FTX의 파산, 테라-루나 사태 등 디지털자산 시장의 요인으로도 부침을 거듭하여 왔다. 이러한 이유로 디지털자산은 투기적 시장으로 비판을 받고 디지털 튤립 등 일시적인 광풍으로 그려지기도 하였다. 그럼에도 디지털자산 시장은 2021년 2조 3,042억 달러로 2019년 대비 10배가 늘었고 이후 주춤해지다가 2024년 2월에는 1조 141억 달러에 이르렀다. 이는 세계 주식채권시장이 100조 달러인데 비하면 작은 규모이지만 메타의 시총인 1조 2,100억 달러에 다가서고 있다. 우리나라도 2023년 시가 총액이 41.5조 원에 달하며 세계 시장에서 0.2%를 차지한다. 이용자도 crypto.com에 따르면, 2023년 전 세계적으로는 5억 명을 돌파한 것으로 나타났으며, 우리나라는 금융위가 643만 명이 이용하고 이 중 2030세대가 63%에 달하는 것으로 조사하였다.

대개 디지털자산 시장이라고 하면 일반인들의 접근이 용이하고 언론에 많이 알려진 거래소를 중심으로 생각하는 측면이 강하다. 그러나 거래소는 디지털자산 생태계를 구성하는 일부분일 뿐이다. 디지털자산 시장에서 활동하는 사업자만 하더라도 거래소뿐 아니라 보관관리사업자,

지갑사업자, 자문업자 등 다양하다. 특히 디지털자산 보관관리업자는 다른 사람의 디지털자산을 수탁받아 보관·관리하며 지갑서비스업도 겸영하면서 고객의 지시를 받아 디지털자산의 이전도 하는 중요한 역할을 한다. 스위스, 일본, 영국 등에서는 은행들이 기존의 증권 등 금융자산의 보관·관리 업무를 확장하여 디지털자산사업자와 합작하거나 자회사 등을 통하여 제공하고 있다. 우리나라에서는 국민은행이 KODA(한국디지털에셋)를 설립하여 디지털자산 수탁 서비스를 제공하고 있다. 이 밖에도 기존 금융기관과 협력한 지급 결제 서비스, 분산 금융, 상장지수펀드(ETF) 등 파생상품을 통한 다양한 금융 서비스를 제공하고 있고 현재에도 새로운 혁신적인 금융 서비스를 개발하는 등 디지털자산 시장은 확산하고 있다.

(2) 지급 결제 서비스의 확대

지급 결제(payment & settlement)는 상품 구매나 금융 거래 등으로 발생하는 거래 당사자 간의 채권과 채무 관계를 금전 등의 이전을 통하여 청산하는 행위를 말한다. 디지털자산으로 지급 결제를 하게 되면 속도, 비용 면에서 이점이 있다. 전통적인 지급 결제 시스템은 이용자가 자신이 계좌를 개설한 은행에 지급 요청을 하고 금융결제원, 중앙은행 등을 통하여 청산, 결제를 거쳐 수취은행으로 자금이 이동하는 복잡한 과정을 거치게 되어 시간과 수수료 등 많은 비용이 소요된다. 그러나 디지털자산을 통하여 지급 결제를 추진하면 블록체인 네트워크 내에서 지급, 청산, 결제가 최종적으로 이루어지기 때문에 효율적으로 수행할 수 있다. 사토시 나카모토가 비트코인을 만들 때 중앙은행이 발행하는 법정 화폐를 대신하여 이러한 화폐적 기능을 수행하고자 표방하였고, 초기에 비트코인 등은 피자, 커피 등 상품 구매에 직접 사용되기도 하였지만 가격의 높은 변동성과 당초 예상보다 많은 수수료 등의 문제로 지급 결제 기능이 원활히 수행되지 못하였다. 초기에 비트코인 등은 피자, 커피 등 상품 구매에 직접 사용되기도 하였지만, 그럼에도 마이크로소프트의 Xbox와 Skype, 파빌리온 리조트(Pavillion Hotels & Resorts), 보험회사인 AXA 등의 다국적 기업은 비트코인 결제를 허용하고 있다.[19] 디지털자산거래소와 연계하여 결제에 활용하기도 한다. 미국의 스타벅스는 디지털자산거래소인 Bakkt와 연계하여 커피를 살 수 있고, 아마존도 기프트카드 구매 등에 디지털자산을 사용할 수 있도록 하였다. 또한 비트코인을 법정 화폐로 지정한 엘살바도르, 중앙아프리카공화국 등에서 결제 수단으로 활용하고 있다.

디지털자산이 지급 결제 수단으로 활용이 확산되기 시작한 것은 가치 안정이 가능한 스테이블코인이 등장하면서이다. 앞서 스테이블코인 부분에서 보았듯이 비자, 페이팔 등 전통적인 결제 회사가 Circle 등 디지털자산거래소와 제휴하여 지급 결제 서비스를 제공하고 있다. 비자는 디지털자산거래소에 계정이 있는 이용자가 스테이블코인을 예치하면 크립토카드(crypto card)를 발행하여 선불카드처럼 사용하도록 하고 있다. 솔라나 블록체인 등과 3세대 디지털자산이 수수료를 대폭 낮추고 속도도

---

19   임병화(2024). 디지털자산과 금융환경의 변화의 이해, 「글로벌금융리뷰」, 4(2): 59-102.

획기적으로 향상시킴에 따라 이를 활용한 지급 결제도 확산되고 있다. 2023년 세계 최대 온라인 업체인 Shopify와 비자 등이 솔라나 네트워크를 사용하기로 하였다. 미국, 일본 등에서는 기존 은행 차원에서도 법정통화형 스테이블코인을 발행하여 지급 결제 수단으로의 활용을 시도하고 있다. 미국의 New York Community Bank, NBH Bank 등은 컨소시엄을 구성하여 달러와 1:1 연계한 USDF 발행을 추진하고 있으며, 일본도 미쓰비시UFJ, Mizuho 등이 DCJPY 발행을 추진 중이다. 블록체인 네트워크의 기능 향상과 실물 기반 디지털자산(RWA) 등 가치 안정화가 가능한 디지털자산의 확산으로 디지털자산의 지급 결제 수단으로 활용은 더 확대될 것으로 전망된다.

지급 결제 수단으로 디지털자산의 도입은 사실 미국, 유럽, 우리나라와 같이 중앙집중식 전자금융 결제 시스템이 잘 갖추어진 나라에서는 그렇게 적극적이지 않았다. 오히려 전자금융 결제 기반이 제대로 잘 구비되지 않은 나라에서 관심을 많이 가졌다. 그러나 선진국에서도 디지털자산의 지급 결제 기능에 초기부터 관심을 보인 분야가 국경 간 지급 결제, 즉 국제 송금 분야이다. 사실 일반인이 외국에 송금하기 위해서는 은행을 방문하여 복잡한 개인 확인 절차를 거쳐 자국 통화를 달러 등 상대국 통화로 환전을 하여야 해서 번거로울 뿐 아니라 자국 은행, 국제금융결제망(SWIFT), 상대 은행 등 여러 단계의 결제 과정을 거쳐야 해서 시간도 많이 소요되고 송금 수수료도 비싸다. 그러나 디지털자산을 활용하게 되면 자국 통화로 비트코인이나 이더리움 등 디지털자산을 구매하여 블록체인 네트워크로 보내면 수신자는 디지털자산을 거래소에서 자신의 통화로 교환하면 되어 처리 과정이 단순화된다. 한 예로 남아프리카공화국에서 네덜란드에 송금을 할 경우 기존 국제 송금 시스템을 거칠 경우 송금액의 15% 상당의 수수료가 발생하고 수신인이 금액을 받기까지 수일이 소요되었지만 블록체인을 이용한 경우에는 수분 내에 디지털자산이 이전되고 환전할 수 있었다.[20] 국제 송금은 초기 디지털자산인 리플(Ripple)을 통하여 제한적으로 활용되었지만 2019년 페이스북이 리브라를 발행하여 지급 결제에 이용하겠다고 발표한 후 전통 금융시장에 크게 영향을 미쳤다. 당시 국제 사회는 기존 SWIFT를 대체할 수 있는 파급 효과를 가진 것으로 인식되었다. 비록 당시 페이스북은 이 계획을 국제 사회의 우려 등으로 발표 후 한 달 만에 리브라 발행을 무기한 연기한다고 결정하였지만, 국제결제은행(BIS)을 중심으로 각국 중앙은행들이 디지털 법정 화폐(CBDC) 도입과 국가 간 지급 결제 시스템 개선에 대한 연구를 촉진하는 계기가 되었다.

(3) 분산형 자율조직의 운영

분산형 자율조직(Decentralized Autonomous Organization: DAO)은 블록체인을 기반으로 대표이사 등 중앙집중식 조직이 없이 개인들이 공동으로 조직을 결성하고 민주적 의사결정 체계에 따라 운영되는 온라인 조직이다. DAO는 탈중앙화 자율조직으로 번역되기도 한다. DAO는 이더

---

20   이 사례는 Steven Boykey Sidley & Simon Dingle(2022). *Beyond Bitcoin, Decentralisied Finance and the End of Banks*에서 소개되었다.

리움을 발행한 비탈릭 부테린(Vitalik Buterin)이 이전의 관련 개념들을 종합하여 스마트 계약 등을 통하여 The DAO를 2016년 구현함에 따라 본격적으로 주목을 받기 시작하였다. DAO는 처음에는 특정 주체(주로 재단)가 기본 방향과 의사결정 방식, 회원 가입 방식 등 조직 운영 규칙, 자금 조달과 이익 배분 구조 등을 정하고, 이를 스마트 계약으로 구현하여 자동적으로 시행되도록 구축한다. 이후 재단이 토큰 판매 등을 통하여 구성원을 모집하고, DAO의 운영을 지원한다. DAO는 초기에는 중앙화 요소가 가미되었지만 네트워크 운영이 안정화되면 DAO의 토큰은 참여권을 부여하는 거버넌스 토큰과 보상으로 지급하는 토큰을 별도로 발행한다. 둘 다 거래소 등을 통하여 거래가 가능하다. 대표적인 MakerDAO의 경우 거버넌스 토큰으로 MKR를 사용하고 보상 지급, 서비스 제공 등은 다이 코인(DAI)을 활용한다. 주요 의사결정에 참여하기 위해서는 거버넌스 토큰을 구매하여야 한다. 거버넌스 토큰을 보유한 구성원은 조직 운영 규칙 변경, 자금 할당, 투자 결정, 주요 행위자[21] 임면 등 다양한 의사결정에 참여한다. 의사결정은 다수결 등 투표로 결정한다. 구성원은 거버넌스 토큰의 매도로 DAO 탈퇴도 자유로이 할 수 있다. 초기 네트워크 구축을 목적으로 존재하였던 특정 주체는 해체하여 완전한 탈중앙화 조직으로 발전을 지향한다. DAO는 수평적 구조, 수익의 공평한 분배, 투명한 조직 운영, 시공간 제약 없는 글로벌 참여자 모집 등 다양한 장점이 있고, 분산형 조직을 구현할 수 있는 가능성을 보임에 따라 운영 사례

---

21   주요 행위자로 DAO 내에 사업 제안자(contractor), 네트워크 관리를 지원하는 중재인(curator)을 둘 수 있다.

가 확산되고 있다.

　최초의 DAO로서 2016년 출범한 The DAO는 벤처투자 대상을 공동으로 결정하고 수익을 분배하는 구조였다. 성공적인 ICO를 통하여 약 1.5억 달러를 모았지만 그 이후 스마트 계약의 취약점을 노린 해킹으로 5천만 달러 상당의 이더리움 약 360만 개를 도난당하면서 사업을 중단하였다. 비록 사업에 어려움을 겪었지만 탈중앙화 조직의 성공 가능성과 보안 강화 등 개선 필요성을 동시에 보여 주어 시사하는 바가 컸다. 2017년에 설립된 MakerDAO는 완전한 탈중앙화에 성공한 사례로 평가받고 있다. MakerDAO는 디지털자산 담보형 스테이블코인인 DAI를 발행하여 디지털자산 대출, 송금, 이자 등 금융 서비스에 활용하는 DAO이다. 초기 메이커재단(Maker Foundation)이 주도하여 MakerDAO를 설립하여 운영을 지원하였으나 2021년 해체되었다. 아라곤(Aragon)은 이용자들이 쉽게 자신의 프로젝트에 맞는 DAO를 만들고 관리할 수 있는 DAO 플랫폼을 구축하여 DAO가 확산할 수 있는 기반을 마련하였다. 2024년 6월 현재 50,901개의 DAO가 활동 중이며, 2021년 5월 DAO의 자본금(Total Treasury) 규모는 9.26억 달러였지만 2024년 5월 330억 달러로 36배 수준으로 성장하였다.

　DAO는 분산 금융(DeFi), 투자 등 금융 분야뿐만 아니라 수집, 사회적 협력 등 다양한 목적을 달성하기 위하여 활용되고 있다.[22] 가장 일반적인 유형으로 디지털자산이나 서비스를 거래하는 프로토콜(Protocol) DAO가 있다. 대표적인 것으로 Uniswap, OlypusDAO가 있다. 또한 일반적

22　　이유미(2023), 「다오 DAO」, 위즈덤하우스.

인 투자펀드와 같이 특정 프로젝트를 위한 자금 조달을 위해서도 DAO를 활용한다. 이를 투자(Investment) DAO라 하며 MetaCartel Venture가 있다. 상품이나 콘텐츠 등 창작물을 NFT로 제작하면 보수를 지급하는 크리에이터(Creater) DAO에서부터 수집가들이 모여 특정 예술품 등을 구매하는 수집가(Collector) DAO도 있다. 수집가 DAO 중에는 비록 낙찰에 실패하였지만 미국 헌법 초판 인쇄본 입찰에 참여한 Constitution DAO가 유명하고, 국내에서는 간송미술관이 보관한 금동삼존불감을 매입한 해리티지 DAO 사례가 있다. DAO는 자선활동 기부금 모집에도 활용된다. Big Green DAO, Angel DAO, Ukraine DAO 등이 있다. 이 중 Ukraine DAO는 우크라이나 국기를 NFT로 발행하여 기부금을 모았다.

DAO의 활용이 활성화되고 있지만 한계와 해결하여야 할 과제도 있다. 투표에 의한 의사결정 체제이기 때문에 속도가 느리거나 참여율 저조, 거버넌스 토큰의 보유가 집중될 경우 소수에 의하여 지배될 위험성이 있다. 또한 The DAO 사례에서 보듯이 해킹 등 보안 취약성에 노출되어 있음은 물론 DAO는 기존의 협동조합과 유사하기는 하나 기술적으로 다르게 구성되고 운영되기 때문에 법적 규율이 정립되어 있지 않다. DAO를 적용하기 위해서는 이러한 한계와 문제도 고려하여야 한다.

(4) 분산 금융의 확산

분산 금융(Decentralized Finance: DeFi)은 은행, 증권사 등과 같은 중앙집중기관이 없이 디지털자산을 대상으로 블록체인 네트워크에서 제공되는 예치, 대출, 보험 등 금융 서비스를 통칭한다. 전통 금융 서비스는 상품 개발, 이용자 가입과 계약, 이자 지급, 대출 등 서비스 제공 순으로 이루어지는데 분산 금융은 이러한 모든 과정을 스마트 계약, 디앱(DApp), 분산형 자율조직(DAO) 등을 활용하여 블록체인 내(on-chain)에서 구현한다. 스마트 계약과 디앱을 통하여 특정 금융상품에 적합한 블록체인 구축과 상품 제공 규칙을 만들고 이용자 가입을 받아 서비스를 제공한다. 분산 금융 서비스는 하나의 서비스만 제공하는 것이 아니라 단위 스마트 계약들을 레고처럼 조합하여 새로운 금융 서비스를 만들 수 있다. 이러한 특징으로 레고 금융(lego finance)이라고 하기도 한다. 블록체인 운영은 모든 DeFi가 DAO를 활용하지는 않지만 완전한 탈중앙화를 지향하며 앞에서 본 DAO를 주로 이용한다. 제3의 기관 없이 거버넌스코인을 보유한 구성원들이 공동으로 블록체인 내 주요 의사결정을 한다. 분산 금융은 블록체인의 등장 배경과 같이 중앙화된 전통적인 금융(Traditional Finance: TradFi)의 비효율성, 의사결정의 불투명성, 단일 취약점 존재 등 한계를 극복하기 위하여 등장하였다. 중개기관이 이용자의 디지털자산을 관리해 주는 것이 아니라 이용자가 자신의 전자지갑에 보관하고, 스마트 계약을 오픈 소스로 제공하여 이용자들이 직접 검토하고 발전시키는 시스템이다. 이에 따라 DeFi는 거래의 투명성, 접근성 확대, 비용 절감 등 효율성, 혁신성을 장점으로 한다.[23] DeFi는 디지털자산 시장에서 바이낸스, 업비트 등 제3의 중개거래소가 있는 형태도 중앙화의 문제를

23　Andry Almsyah et al.(2024). A Review on Decentralized Finance Ecosystem, *Future Internet* 2024,16,76.

가지고 있다고 비판하며 이를 중앙화 금융(Centralized Finance: CeFi)으로 부르며 구분하여 사용하고 있다. 중앙화거래소가 해킹되거나 대표자가 잠적하는 경우 디지털자산을 잃게 되는 단일 실패점이 나타날 수 있기 때문이다. 그러나 DeFi가 완전 탈중앙화를 지향하기는 하지만 현실적으로는 초기 투자자금 모집, 재단 등 특정 운영 주체의 존재, 중앙거래소의 DeFi 참여 지원 등이 이루어지고 있어 TradFi, Cefi와 이분적으로 분리되지 않고 상호 연계 속에서 운영되기도 한다.

DeFi가 발전하면서 금융 서비스가 다양해짐에 따라 블록체인 밖(off-chain)과 연결해 주는 오라클(Oracle)도 중요해져 가고 있다. DeFi는 초기에는 성공 사례를 낸 디지털 자산 거래, 대출 등에 집중하였지만 예치, 보험, 파생상품 등으로까지 확산되고 있다. 이러한 다양한 금융 서비스를 제공하기 위하여 DeFi는 블록체인 내부의 검증된 데이터만으로 처리하는 데는 한계에 부딪혔다. 날씨, 주식, 금, 경제지표 등 외부의 중요한 데이터를 이용해 스마트 계약을 더 고도화하여야 할 요구가 커졌다. 오라클은 외부 자료를 요청하고 검증하여 스마트 계약에 전달하고 다시 외부로 보내는 기능을 한다. 따라서 정보의 정확한 평가와 신뢰성 있는 정보 확보가 관건이며 Chainlink, Bandprotocol, Pythnetwork 등 플랫폼에서 제공한다. 또한 DeFi의 거래 규모가 커지면서 이더리움 블록체인을 주로 활용하였지만 속도와 확장성 등을 위하여 솔라나, 폴리곤, 아발란체 등 3세대 디지털자산 네트워크의 사용도 많아지고 있다. 2022년 7월 기준으로 세계적으로 디지털자산을 거래하는 분산형 거래소(Decentralized Exchange: DEX)가 495개로 가장 많고, 대출이 204개, 예치

368개, 파생상품 29개, 보험 20개가 서비스를 제공하고 있다.[24]

분산형 거래소(DEX)는 우리나라의 업비트 등과 같은 제3의 중개기관이 없이 블록체인 네트워크에서 스마트 계약 등을 통하여 개인들이 직접 디지털자산을 거래할 수 있도록 한 거래 플랫폼이다. DEX로는 유니스왑(Uniswap), 스시스왑(SushiSwap), dYdX, Curve, 팬케이크스왑(PancakeSwap), Bancor, 카우스왑(CowSwap) 등이 있다. 대표적인 것이 이더리움, 분산형 자율조직(DAO)을 기반으로 헤이든 애덤스(Hayden Adams)가 2018년 설립한 유니스왑이다. 유니스왑은 디지털 자산 간 교환(swap) 플랫폼을 구축하고 거래 활성화를 위하여 자동시장 조성자(Automated Market Makers: AMM) 기능을 구현하였다. 시장 조성자는 증권시장 등에서 참여자나 자금 등 유동성이 적어 거래가 안 될 경우 거래를 촉진하기 위하여 유동성을 공급하는 자를 말하며, 많은 자금을 동원할 여력이 있는 증권사 등이 맡는다. 유니스왑은 시장 조성 기능을 프로그램으로 자동화되도록 구현하고 이에 필요한 디지털자산을 확보하기 위하여 유동성 풀(liquidity pool)을 만들어 수익 정산 등의 유인책으로 디지털자산을 예치하는 사람을 모집하였다. 이에 따라 유니스왑은 조기에 거래를 활성화하고 DEX 시장에서 최대 거래소로 자리매김할 수 있었다.

대출(lending and borrowing)은 디지털자산 수요자에게 블록체인 네트워크를 통하여 비트코인, 스테이블코인 등 디지털자산을 빌려 주는 서비스이다. 컴파운드(Compound), 메이커다오(MakerDAO), 에이브(Aave)에서 대출 서비스를 제공한다. 컴파운드는 대출 서비스를 하기 위하여 디지

---

24 박선영(2022). DeFi의 현황과 향후 규제 방향, 「법경제학연구」, 19(2), 한국법경제학회.

털자산 보유자들로부터 다양한 디지털자산을 예치받아 대출 풀(lending pool)을 조성한다. 대출을 받고자 하는 이용자는 별도의 담보 없이 수수료를 내고 빌려 가게 되며, 수수료 수익은 디지털자산을 예치한 자에게 이자를 지급하는 데 사용된다. 또한 예치자는 예치금의 비율에 따라 거버넌스 토큰인 COMP를 받기도 하며 거래소에서 거래 차익을 볼 수 있다. 이러한 새로운 금융 방식으로 컴파운드는 2018년 820만 달러, 2019년에는 2,000만 달러의 투자 유치를 받으면서 DeFi에서 성공한 사례로 소개되고 있다. 대출 서비스 경쟁을 하는 MakerDAO는 컴파운드와 다른 방식을 도입하였다. 이용자가 보유한 디지털자산을 담보로 맡기고 대출을 받는다. 대출을 원하는 자가 자신이 보유한 비트코인, 이더리움 등 디지털자산을 맡기면 이를 기반으로 담보형 디지털자산 DAI를 발행해 준다. 에이브는 다른 대출 서비스와 달리 플래시론(flash loan)을 최초로 제공하였다. 플래시론은 블록에 하나의 거래가 시작되어 최종 승인되기 전까지 15초에서 15분 동안의 짧은 시간에 이용자에게 디지털자산을 대출해 주고 상환받는 서비스이다. 담보 없이 큰 금액을 대출받을 수 있는 새로운 상품으로 주목을 받았다.

 예치 및 이자수익(staking and yield farming)은 은행 예금과 같이 디지털자산을 예치하고 일정한 이자를 받는 서비스이다. 은행에서 대출 등 금융 서비스를 제공하고자 예금을 받아 자금, 즉 유동성을 보유하고 있듯이 DeFi도 금융 서비스를 하기 위하여 예치를 경쟁적으로 한다. 예치를 유인하려고 블록체인 기술을 이용하여 전통 금융기관에서는 할 수 없는 새로운 아이디어를 실행한다. 그중에 하나가 이자 농사(yield farming)

이다. 단순히 전통 금융기관에서처럼 은행이 주는 이자를 받는 것이 아니라 디지털자산 보유자들이 다양한 DeFi 프로젝트에서 제공하는 예치 이자를 비교 검색하여 가장 많은 이자를 주는 프로젝트로 기민하게 이동하게 함으로써 더 많은 수익을 내도록 하는 것이다. 2020년 1월 출범한 Yearn Finance가 최초로 출시하였으며, Harvest Finance, 대출 플랫폼인 컴파운드 등 다른 DeFi에서도 하고 있다.

보험(insurence)은 DeFi 이용자가 거래소 해킹, 스마트 계약 오류 등으로 피해가 발생하였을 때 보상하는 서비스이다. 2017년 Hugh Karp가 만든 넥스트 뮤추얼(Next Mutual)이 첫 번째이며 Etherisc, InsurAce, Cover, Opium and Evertas 등이 있다. Next Mutual은 전통 금융기관에서 하듯이 보험료를 받아 운용하고 보상에 활용는 구조이지만 금융기관이나 여타 DeFi와 다른 새로운 시도를 하였다. 보험 리스크나 지급에 관한 평가에 전문가들은 누구든지 Next Mutual의 토큰인 NXM을 예치하고 평가에 참여할 수 있고 결과에 따라 보상을 받는다. 또한 DAO를 도입하지 않고 소수의 핵심 전문가와 설립자가 주요 사안을 관리하는 중앙화 요소를 가미하되 이들의 임면 등은 토큰 보유자가 관여하는 협력적 구조를 띠고 있다.

파생상품(derivatives)은 선물(future), 선도(forward), 옵션(option), 스왑(swap) 등 전통적인 금융시장의 금융 기법을 블록체인에서 가능하게 하는 서비스이다. Synthetic, Hegic, UMA, Perpetual Protocol, dYdX, Banbridge 등이 있다. Synthetic은 디지털자산, 금, 은, 인덱스, 법정 화폐 등을 기초자산으로 Synths라는 토큰을 발행하여 선물거래 등이 이루어지도록 하였다. 실물자산을 토큰화하는 측면에서 실물 기반 디지털자산(RAW)과 유사하지만 RWA와 달리 자산을 소유하지 않고 단지 기초자산의 가격과 연계될 뿐이다. Hegic은 비트코인, 이더리움 등 디지털자산의 옵션을 제공하였다. Perpetual Protocol는 기존 금융시장에서 만기가 도래하면 계약을 정산하거나 재계약(roll over)하여야 하는 선물과 달리 펍스(perps)로 토큰화하여 기한이 정해지지 않은 무기한 선물을 제공하였다. dYdX, Banbridge 등 DEX도 옵션 등 다양한 파생상품을 제공한다.

DeFi는 블록체인 기술을 이용하여 기존 금융기관이 하지 못하였던 혁신적인 서비스를 제공하고 효율성을 제고하는 등 금융생태계에 참신하고 매력적인 영향을 주고 있다. DeFi Llama에 따르면, DeFi에 총예치된 금액(Total Value Locked: TVL)은 2021년에 1,800억 달러로 최고치에 이른 이후 2022년과 2023년 400억 달러로 줄어들었지만 2024년 5월 942억 달러 수준으로 회복하고 있다.

(5) 디지털자산을 활용한 상장지수펀드

상장지수펀드(Exchange Traded Fund: ETF)는 특정 주가지수 등의 수익률을 추종하는 펀드로서 증권 관련법에 규제를 받는 파생상품의 일종이다. ETF는 일반 펀드처럼 투자자를 모아 조성되지만 증권사 등을 통하여 매매하는 다른 펀드들과 달리 증권거래소에 상장하여 주식처럼 매매 등 거래를 할 수 있다. ETF는 다른 자산의 가격이나 지수의 변동에 연동되는데 가격 추종의 대상이 되는 자산을 기초자산이라 한다. 기초자산으로는 주식, 선물, 통화 등 금융상품뿐만 아니라 금, 석유, 농산물 등으로 광범위하다. 그러나 모든 재화나 자산을 포괄하는 것이 아니라 재산적 가치가 있고 합리적으로 평가하고 지수 산출이 가능하여야 하며, 각 나라 증권 당국의 승인을 받아야 한다. 이에 따라 비트코인 등 디지털자산이 기초자산이 될 수 있는지 여부가 관심을 모아 왔다. 비트코인을 미래 특정 시점에 구매하도록 계약하는 비트코인 선물(future)의 경우는 자체가 파생상품이므로 이를 기초자산으로 쉽게 인정되었지만 가치 논란이 있는 비트코인 현물을 기초자산으로 하는 데는 많은 진통을 겪고 있다.

비트코인 현물 ETF는 2021년 2월 캐나다에서 세계 최초로 출시되었고, 현재 캐나다, 독일, 미국, 홍콩 등에서 승인되었다. 캐나다는 이더리움 현물 ETF도 출시하여 판매 중이다. 미국의 경우 2013년부터 증권 당국인 미국 증권거래위원회(SEC)에 승인 신청과 거부가 반복된 끝에 2024년 1월 약 10년 만에 블랙록 등 11개사가 신청한 비트코인 현물 ETF가 최종 승인되었다. 2023년 8월 그레이스케일(Grayscale)사가 SEC를 상대로 소송에서 승소함에 따른 것이다. 2024년 7월에는 이더리움 현물 ETF의 거래가 승인되었다. 아시아에서는 홍콩이 2024년 4월 비트코인과 이더리움 현물 ETF를 승인하였다. 우리나라에서는 디지털자산이 「자본시장법」에서 규정한 기초자산에 포함되지 않아 판매하지 못하고 있다.

비트코인 등 현물 ETF 승인은 무엇보다 블록체인 네트워크와 현실 금융과의 연계가 확대되고 있다는 데 의의가 있다. 앞서 보았던 스테이블코인, RWA, DeFi 등은 디지털자산 생태계에 실물 세계를 끌어들이는 반면, 현물 ETF는 현행 금융시장에서 디지털자산을 수용하는 것이다. 디지털자산 시장에서는 막대한 자금을 가지고 있는 기관투자자의 유입을 확대하고, ETF 운용사가 현물을 보관하여야 하기 때문에 비트코인 등 수요가 늘어날 것으로 예상하였다. 미국이 비트코인 현물 ETF 승인 후 한 달 동안 디지털자산 시장에 37억 7,570억 달러가 순유입되었다. 영국의 스탠다드차타드 은행은 2024년 최대 132조 원이 유입될 것으로 예측했다.

(6) 디지털 법정 화폐

디지털 법정 화폐(Central Bank Digital Currencies: CBDC)는 중앙은행이 블록체인 등을 이용하여 전자적 형태로 발행한 법정 화폐이다. 비트코인, 이더리움 등 디지털자산은 민간 영역에서 블록체인 기술을 이용하여 발행하는 것이지만 CBDC는 법정 화폐의 발권력을 가진 공공기관인 중앙은행이 종이(지폐), 금속(동전)과 같은 화폐를 디지털로 만드는 것이다. CBDC가 가져올 경제적·사회적 편익은 다양하다. 지폐, 동전과 비교하여 제조비용, 현금 수송, 보관 관리 등 유통비용을 대폭 절감할 수 있다. 블록체인망을 이용하기 때문에 결제 속도를 향상시키고 수수료 부담을 줄일 수 있다. 특히 국제 송금 부문에서 기존 SWIFT 망을 통한 복잡하고 높은 수수료를 줄이고 결제 속도와 효율성을 획기적으로 향상시킬 수 있는 대안으로 대두되고 있다. 또한 CBDC는 누가, 언제, 얼마를 거래하였는지 기록할 수 있으므로 탈세, 자금 세탁 등을 방지하고 거래의 투명성을 확보할 수 있다. 그러나 CBDC는 거래 정보 파악이 용이하여 개인정보 보호 침해 논란을 야기하거나, 정전 등 통신장애, 해킹 등에 노출되어 보안관리 비용이 증가할 수 있다. 또한 스마트폰 등 통신기기로 쉽게 인출이 가능해져 기존의 뱅크런보다 자금 유출의 위험성이 더 커진다.

CBDC는 이용 대상에 따라 은행 등 금융기관 간 대규모 자금 결제에 이용하는 도매 결제용(wholesale) CBDC와 일반 개인들이 사용하는 소매 결제용(retail) CBDC로 나뉜다. 또한 구현 방식에 따라 중앙은행이 CBDC를 발행하고 일반 국민들에게 유통하는 직접형(Unilatal CBDC), 은행 등이 중앙은행에 현금 등을 예치하고 그를 기초로 CBDC를 발행하는 간접형(Synthetic CBDC), 이 두 형태를 조합하여 중앙은행이 은행 등 중개기관에 CBDC를 발행하고 은행이 일반에게 유통하는 혼합형(Intermediated CBDC)으로 구분된다. 직접형의 경우 중앙은행이 발행과 함께 개인이 중앙은행에 계좌를 개설하도록 하여 유통까지 맡게 되면 중앙은행의 역할이 비대해지고 은행들의 역할이 축소되는 등 현재 은행 시스템과 달라 파급 영향이 너무 크다. 반면 간접형의 경우는 실질적으로는 민간은행들이 법정 화폐를 발행하게 되어 중앙은행의 설립 취지와 배치된다. 이에 따라 세계 여러 나라는 혼합형을 선호한다. 즉, 중앙은행이 CBDC를 도매 결제 형태로 은행들에 발행하고 은행은 이를 기반으로 일반 국민들에게 소매 결제형으로 제공한다. 일부 모델에서는 CBDC를 국민들에게 직접 유통하지 않고, CBDC를 담보로 하여 별도의 예금 토큰을 발행하는 방식으로 구현하기도 한다.

그간 국제 사회는 경제의 디지털 전환, 현금 없는 사회가 진전됨에 따라 CBDC가 디지털 지급 수단의 하나로서 잠재적 효용성을 가지고 있다는 것은 인정하였으나 미국, 유럽연합(EU) 등 전자금융 지급 시스템이 발전하고 기축통화 지위에 있는 선진국들은 CBDC 도입을 서두르지 않았고, 반면 금융 시스템이 열악한 나라를 중심으로 금융 포용 등을 위하여 적극적으로 추진하여 왔다. CBDC는 2022년 말 바하마, 자메이카 등 캐러비언 국가, 나이지리아 등 11개국이 도입하였고, 2023년 말 현재 128개국이 연구, 실증 단계, 발행 등으로 CBDC에 관여하고 있다. 또한, CBDC의 유용성이 높은 국가 간 자금 결제 분야에 국제 협력이 진행되고 있다.[25] 국제결제은행(BIS)을 비롯하여 미국 등 기축통화국, 우리나라의 중앙은행, 국제 금융협회 등이 참여하는 Agora 프로젝트, 세계 63개국 중앙은행 간 도매 결제형 CBDC를 구축하는 Dunbar 프로젝트 등이 추진되고 있다. 도매형을 우선 도입하고 소매형은 단계적으로 추진한다는 것이 일반적인 추세였다. 그러나 국경 없이 사용될 수 있는 USDT, USDC 등 스테이블코인의 확산과 2019년 페이스북의 리브라 발행 시도는 각국의 통화 주권에 가시적인 영향을 주는 위협 요인으로 대두되었다. 또한, 현재의 달러 패권에 도전하기 위한 중국의 CBDC 선제적 도입과 중동 국가들의 오일머니에 대한 대체 결제 수단 모색, 2022년 우크라이나 전쟁 이후 국제금융결제망(SWIFT)에서 배제된 러시아가 국가 간 결제에 디지털자산과 CBDC 활용을 적극 추진하는 등 반(反)서방 국가를 중심으로 대안적 결제 수단에 대한 논의가 증폭되었다. 같은 서방 국가 내

---

25   현재 국제 송금은 SWIFT를 이용할 경우 평균적으로 5일 이상이 소요되나 CBDC를 이용할 경우 소요 시간과 비용을 획기적으로 줄일 수 있다.

에서도 유럽연합(EU)은 달러 기반 스테이블코인 확산, 비자, 마스터 카드 등 미국 기업 주도의 전자 결제망 독점 등에 대응하며 역내 독자적인 결제망의 구축이 필요해졌다. 이에 따라 미국, EU 등도 디지털 화폐의 필요성에 대하여 전향적으로 검토하기 시작하였다. CBDC 논의 기조는 그간의 기능성 효율성과 안정성에 치중하여 오다가 국가 경제 이익, 통화 주권 확보 차원으로 옮겨 가고 있다.

CBDC 도입에 가장 적극적인 나라는 중국이다.[26] 중국은 민간의 비트코인 등 디지털자산은 불법화하고 디지털 법정 화폐 도입에 속도를 내고 있다. 2019년부터 선전(深圳) 등 경제중심지를 중심으로 시범사업을 하였으며, 2022년 말 20여 개 도시로 확대하고, 8,200만 개 이상의 디지털 위안화 지갑을 생성하여 거래하였다. 2023년에는 홍콩과 연계하여 해외 지급을 시범적으로 추진하였으며 장쑤성(江蘇省) 등에서는 급여, 주택 공적 자금 납부 등에도 활용하고 있다. 더 나아가 디지털 위안화의 국제적 위상 제고를 위하여 태국, 아랍에미리트(UAE) 등 유라시아, 브릭스(BRICs) 등과 디지털 위안화를 국경 간 결제 수단으로의 활용을 확대하기 위한 논의를 주도하고 있다. 미국은 그간 CBDC에 대한 연구 정도에 머물러 있었으나 중국·러시아 등의 대응이 활발해지면서 2022년 4월 바이든 미 대통령이 CBDC 대책을 신속히 마련하라고 행정명령을 발표하였다. EU도 2023년 10월 디지털 유로 추진계획을 발표하였다. ECB가 2025년까지 향후 2년간 준비를 하여 디지털 유로 발행을 위한 추진 방안을 결정하기로 하였다. 국제 사회는 2028년 이후 디지털 유로가 발행될 것으로 전

---

26   중국은 CBDC를 DCEP(Digital Currency Electronic Pay)라 부른다.

망하고 있다. 일본, 싱가포르, 인도 등 아시아 국가들도 실증실험 단계에 있다. 우리나라는 2020년부터 연구를 시작하였으며, 혼합형 CBDC를 중심으로 두 차례 모의실험 등을 거쳐 2023년 11월부터 일반인들이 예금 토큰을 실제 상거래에 이용하는 활용성 시험을 추진하고 있다.

4) 디지털자산의 미래: 금융산업의 패러다임 혁신

디지털자산 시장은 아직 초기 단계라 핀테크, 전통 금융시장과 비교하였을 때 현저히 적은 규모이고, 해킹이나 2022년 FTX 중앙거래소의 파산, 테라-루나의 폭락 등 악재로 활성화가 주춤하고 있지만 디지털자산 생태계의 진화와 확산은 계속되고 있다. 디지털자산은 2009년 비트코인이 등장한 이후 맹목적인 가격 상승 기대로 인한 급격한 가격 변동성, 가치 논란, 자금 세탁 등 악용, 해킹 등 위협을 받으면서도 단순히 장부의 공유, 중앙거래소를 통한 차익 거래만 하던 형태에서 이더리움의 스마트 계약과 디앱, 스테이블코인의 등장으로 지급 결제 수단으로의 활용이 확대되고 있고, 분산 금융(FeFi)을 통하여 대출, 예치, 보험 등 다양한 금융 영역으로 확산하고 있다. 또한 현실 금융과 블록체인과의 연계도 점점 심화되고 있다. 스테이블코인, 실물 기반 디지털자산(RWA), 오라클 등을 통하여 실물 세계의 자산과 데이터를 블록체인 네트워크 내로 끌어들여 디지털자산 생태계를 발전시키고 있고, 증권 등 전통 금융은 STO, 디지털자산 ETF 등을 통하여 제한적이나마 수용하여 나가고 있다.

향후 디지털자산 시장은 내부 기술 혁신, 인공지능(AI) 등 첨단기술과 융합 등을 통하여 서비스와 네트워크를 고도화하면서 디지털자산의 활용도를 높이고 생태계 확산을 가속화함에 따라 전통 금융시장과 경쟁이 확대될 것으로 예상된다. 우선 디지털자산은 내부 기술 혁신과 이용 환경 개선으로 신뢰성과 이용을 활성화해 나갈 것이다. 블록체인의 기술적 애로인 확장성 문제에 대하여 롤업, 샤딩, 사이드체인 등 확장 기술의 개선, 새로운 솔루션 제공 등을 통하여 해결해 나가고, DeFi 등으로 블록체인 간 연계 활용에 대한 요구가 커짐에 따라 상호운영성 개선에 집중하여 디지털 자산의 활용도를 확대하여 나갈 것이다.[27] 이와 함께 디지털자산 시장은 아직까지 일반인들의 기술적 접근이 어렵지만 다양하고 쉬운 이용자 프로토콜을 개발하여 저변을 넓힐 것으로 보인다. 이에 더하여 디지털 기기에 대한 친숙도가 높은 2030년 이후 세대가 주류를 이루게 되는 미래 사회환경과 결합되면 그 활용도는 급속히 늘 것이다. 컨슈머인사이트에 따르면, 현재도 MZ세대는 87%가 모바일이나 인터넷을 통하여 금융 거래를 하고 있다.

또한, 디지털자산 시장은 인공지능(AI), Web3.0, 사물인터넷(IoT) 등 관련 정보통신 발전과 융합하면서 더욱 고도화될 것으로 예상된다. 인공지능이 블록체인 기술을 이용하면 기반이 되는 대량 데이터의 무결성과 안전성 확보로 신뢰성을 제고함은 물론 대기업의 데이터 독점을 줄이고 개발자가 자유롭게 참여하는 공동 AI 개발이 가능해진다.[28] AI가 데이터

---

27 Alim Al Ayub Ahmed(2024). "The Rise of DeFi: Transforming Traditional Finance with Blockchain Innovation," doi:10.20944/preprints202402.0738.v1
28 EC(2024), EU Blockchain Ecosystem Development 3, 2024. 5. 24.

활용 시 토큰을 활용한 보상 시스템을 도입하면 데이터 보유자의 소유권이 강화되고 디지털자산 생태계가 확대될 수 있다. 블록체인이 스마트계약, 디앱, 오라클 등 핵심 기능에 인공지능을 활용할 경우 더 다양화하고 복잡하게 운영할 수 있게 된다. 이는 금융 서비스에 더 효율적이고 자동화된 프로세스 구현이 가능하도록 하는 것이다. 블록체인을 기반으로 하는 인터넷인 Web.3.0에서는 디지털자산이 소유권 보장 등을 위한 핵심 수단으로 역할을 하게 된다. 집, 자동차, 도시 등 세상의 모든 사물을 연결하는 지능화된 사물인터넷은 가상 세계를 실제 세계로 무한히 확대할 수 있도록 함으로써 디지털자산이 우리의 일상에 모든 분야로 생태계를 확장할 수 있는 환경을 마련해 줄 것이다.

무엇보다도 금융시장에서 분산 금융 등 디지털자산 시장의 확산과 기존 중앙집중식 전통 금융시스템 경쟁이 심화될 것이다. 그간 DeFi 등 디지털자산 시장에서 Compound, Uniswap, MakerDAO 등 사례들은 기존의 전통 금융 시스템과 다른 분산 금융의 지속과 확장 가능성을 보여주었다. 대출, 예치, 거래 등 기존 금융 서비스에 새로운 대안을 제시하여 금융 서비스의 접근성을 향상시키고, 자본의 효율성을 증대할 뿐 아니라 글로벌 단위 서비스 이용도 가능하게 하였다. 전통 금융기관들은 디지털자산 시장의 진전에 따라 스테이블코인, 금융자산의 토큰화 등을 통하여 디지털자산 시장에 속속 참여를 하고 있으며, 이런 추세는 더 확대될 것으로 보인다. 한편, 분산 금융 등 디지털자산 시장의 확대는 전통 금융시장의 위협으로 다가온다. 대출, 예금, 환전 등 은행이 독점적으로 수행하는 사업들이 법정 통화를 기반으로 발행된 스테이블코인이 DeFi의 다양한 서비스를 통하여 제공된다면 은행의 계좌 개설은 줄고 예금도 줄어들 것이다. 국내외 카드사의 경우 블록체인으로 결제가 되면 가맹점에 결제 대금을 지급하는 데 1~3일 걸리던 것을 즉시 실행되게 할 수 있고 수수료도 줄일 수 있어 가맹점들이 기존 카드사를 떠날 가능성이 높다. 이러한 디지털자산 시장과 전통 금융시장 간의 경쟁은 블록체인 내에서 법정 화폐를 직접 이용할 수 있는 디지털 법정 화폐(CBDC)의 활용이 본격화되면 더 촉진되고 치열해질 것이다.[29] 그런데 이 경쟁은 기존의 핀테크(fintech)가 전통 금융의 방식을 디지털화하는 수준이 아니다. 중앙집중식 금융 방식에서 블록체인 기술을 활용하여 금융 거버넌스와 운영 방식을 완전히 다른 분산형으로 바꾸는 금융산업의 패러다임 전환(paradigm shift)으로 이어질 것이다.[30] 기존의 금융 서비스 제공 방식과 다른 새로운 서비스 방식과 시스템의 출현은 전통 금융기관으로 하여금 생존을 위한 경쟁과 혁신을 요구한다. 중앙집중과 분산 시스템은 치열한 경쟁과 함께 이들을 조합한 새로운 혼합금융(Hybrid Finance: HyFi)을 만들 수도 있다. 이 경쟁에서 분산 금융 시스템이 이기면 디지털자산 시장은 금융 시스템의 주류로 도약하게 될 것이다. 이에 따라 발빠른 금융기관들이 디지털자산 시장에 참여를 추진하고 있는 것이다.

디지털자산의 미래는 위에서 살펴본 블록체인 기술의 발달이나 참신한 사업 모델만으로 구현되지 않는다. 디지털자산이 가지고 있는 혁신적

---

[29] 임병화(2023). 디지털자산과 금융환경 변화의 이해, 「글로벌금융리뷰」, 4(2), 글로벌금융리뷰.

[30] Olawale Adisa et al(2024). Decentralized Finance in the U.S. economy: A review: Assessing the rise, challenge, and implications of Blockchain-driven financial systems, *WJARR*, 21(1): 2313-2328.

인 장점의 이면에는 다양한 위험 요인이 잠재되어 있기 때문이다. 해킹, 시스템 장애 등 기술적인 리스크, 자금 세탁 등 블록체인 악용, 사업자의 불공정행위로 인한 이용자의 피해 등 광범위하다. 이러한 위험 요인을 규율하는 것이 규제이다. 규제의 범위와 수준, 강도 등에 따라 디지털자산 시장의 발전과 확산 양태가 달라지게 된다. 따라서 규제는 디지털자산 시장의 미래를 결정하는 핵심적인 요소 중에 하나인 동시에 가장 큰 리스크이다. 세계 각국은 디지털 자산시장에 효용성 있는 규제를 만들려고 지혜를 짜내고 있다. 그러나 디지털자산과 같이 인류 사회가 그전에는 예상하지 못한 기술의 출현으로 전 세계적으로 적용 사례가 없고 새로이 규제 틀을 만들어야 하는 경우에는 규제를 마련하는 과정이 복잡하고 지난하다. 다음 장에서 디지털자산의 규제에는 어떤 고민과 이슈들이 있는지에 대하여 알아본다.

04

시장과 규제의 충돌

　은행, 보험 등 오랜 기간 잘 짜여지고 안정된 금융산업 생태계에 유성이 지구에 떨어지듯 2009년 블록체인 기술을 이용한 비트코인의 갑작스러운 출현과 디지털자산 시장의 확산은 기존의 생태계를 규율하던 규제와 곳곳에서 충돌하고 있다. 제일 먼저 만나는 것이 새로이 나타난 디지털자산을 어떻게 법적으로 정의하느냐이다. 법적 성격을 어떻게 정하느냐에 따라 규제의 수준과 방향이 달라지기 때문이다. 2009년 사토시 나카모토가 자신이 만든 비트코인이 달러 등 중앙은행이 발행하는 법정화폐를 대체하는 개념으로 민간이 발행하는 화폐(currency)라고 지칭하며 나오자 디지털자산이 정말 화폐에 해당하는지, 법적 성격이 무엇인지에 대한 논의에 불을 지폈다. 또한 블록체인의 핵심인 분장원장의 법적 효력과 디지털자산이 진화하면서 나타난 스마트 계약, 분산형 자율조직(DAO) 등 분산형 거버넌스, 분산 금융(DeFi)을 어떻게 보고 어떤 효력을 부여하여야 하는지도 논란이 되고 있다. 그다음으로는 블록체인을 자금 세탁 등 불법적 목적으로 악용하거나 해킹 등 취약점에 대한 대응을 어떻게 하는가이다. 이에 대한 대응은 상대적으로 용이하였다. 블록체인의 익명성 등으로 불법자금의 세탁 수단으로 악용되는 사례가 늘어나자 우선적으로 자금 세탁 방지에 대한 규제장치를 마련하자는 국제적 컨센서스가 이루어지고 각 나라에서 도입이 확산되었다. 이와 아울러 중앙거래소 해킹, 스마트 계약 취약점 공격 등 기술적 리스크에 대한 대응을 강화해 나가고 있다.

또한 국경 간 거래가 용이한 디지털자산 시장의 확산이 각국의 통화, 금융정책에 어떤 형태로 영향을 미치고 이를 어떻게 관리하여야 되는지도 문제이다. 국제통화기금(IMF), 국제결제은행(BIS) 등 국제 금융기구와 각국의 금융 당국은 디지털자산이 금융시장에 미치는 영향을 점검하면서 은행의 디지털자산 취급 제한 등 규제들을 강구하고 있다. 시장과 규제의 충돌에서 가장 중요한 사안은 해킹, 거래소 파산, 횡령, 시세 조종, 불공정 거래 등 다양한 위협으로부터 이용자를 어떻게 보호하느냐이다. 전통 금융시장과 다른 디지털자산 시장에 기존의 규제 방식을 적용할 수 있는지, 아니면 새로운 규제를 도입하여야 하는지, 규제를 도입한다면 어느 수준으로 하여야 하는지 등을 종합적으로 고려하여야 한다. 이러한 규제는 과도할 경우 자칫 새로운 혁신의 기회를 질식시키고 장기적으로는 국민의 편익과 경제 시스템의 경쟁력을 저하시킬 수 있기 때문에 규제 당국, 이해관계자 등 정책 하위 체계 내 참여자들의 고민이 깊어지는 것이다.

1) 법적 성격

(1) 디지털자산의 법적 성격

① 화폐성

2009년 사토시 나카모토가 비트코인을 발행하였을 때 비트코인을 화폐(currency)라고 하였다. 그러나 디지털자산을 화폐라고 보는 데는 이견이 많다. 전통적으로 화폐란 재화와 용역의 교환, 유통을 원활하게 하기 위하여 사용되는 매개물로 인식된다. 역사적으로 보면 원시 시대에는 직물·곡물 등 상품들이 화폐로 사용되었고, 금·은 등 금속화폐, 지폐, 동전 등이 사용되다가 정보통신기술(ICT)이 발달하면서 전자화폐가 등장하였다. 근대 이후에는 정부가 법률에 근거하여 중앙은행이 발행하고 강제적 통용력을 부여한 법정 화폐가 자리 잡았다. 화폐가 되려면 3대 조건을 충족하여야 한다. 신뢰를 바탕으로 널리 사용(교환의 매개 수단)되고, 가치 척도의 단위로 기능(가치 측정 수단)할 수 있어야 하며, 가치의 안정성에 기반하여 가치를 저장(가치 저장 수단)할 수 있어야 한다. 디지털자산의 화폐성을 주장하는 측에서는 비트코인이 1BTC, 1사토시 등 단위로 거래되어 가치 척도와 저장 기능이 있고 당사자 간 타 재화와 교환 매개, 국가 간 송금 등 지급 수단으로 사용되어 화폐의 일종이라고 주장한다. 그러나 이에 부정적인 입장은 내재 가치가 없고 가격의 급격한 변동으로 가치 척도, 저장 기능을 수행하지 못하며 블록체인의 확장성에 의문을 표시하며 지급 수단으로의 활용에도 한계가 있다고 한다. 디지털자산의 화폐성에 관한 논란은 초기에 비하여 정리되어 가는 것으로 보인다. 비트코인은 초기에 피자 구매 등 직접 교환 수단으로 사용되기는 하였지만 가격의 급변성 등으로 이후 활성화되지 못하였다. 스테이블코인이 나오면서 지급 결제 기능이 확산되고 있고, 일본·싱가포르 등 일부 국가에서는 지급 결제 수단으로 인정하고 있지만 이것만으로 화폐라고 부르기는 어렵다고 인식하고 있다. 비록 엘살바도르, 남아프리카공화국 일부 국가에서는 법정 화폐로 정하기도 하였지만 국제통화기금(IMF), 유럽경제협력기구(OECD), 국제자금세탁방지기구(FATF), G20 등 국제기구와 미국, 유럽연합(EU), 일본 등 주요 국가들은 디지털자산의 화폐성을 인정하지 않고 있다. 초기에 나왔던 가상통화(virtual currency), 암호화폐(crypto currency) 용어의 사용도 줄어들고 있다.

② 증권성

그다음으로 디지털자산에 대한 법적 논란은 증권(security) 등 금융 투자상품에 해당하는지 여부이다. 증권은 주식, 채권 등처럼 특정 시점에 배당, 이자 등 이익을 금전이나 재산적 가치로 지급하기로 계약하고 취득하는 금융 투자상품이다.[31] 발행을 통하여 투자자를 모으고, 투자자는 만기 등 특정 시점에 이익을 실현하기도 하지만 증권거래소 등에서 매매를 통하여 차익을 실현할 수 있다.

디지털자산은 발행, 유통 등 과정이 증권과 닮아 있다. 그러나 주식,

---

31 「자본시장법」은 증권의 종류로 채무증권(채권), 지분증권(주식), 수익증권, 파생결합증권, 증권예탁증권, 투자계약증권 등 6개를 열거하고 있다.

채권 등 관련 법령에 따라 증권으로 규정된 것 외에 디지털자산 등이 증권이 되려면 증권의 요건을 지녀야 한다. 미국 등에서는 하위(Howey) 기준이 통용되고 있다. 하위 기준이란 미연방 법원의 판례로 형성된 것으로서 ① 제3자의 노력으로 인한 이익에 대한 합리적 기대에 근거하여 ② 공동사업에 ③ 금전을 투자하는 것이다. 우리나라의 경우 「자본시장법」에 하위 기준을 준용하여 규정된 투자계약증권[32]에 해당하는지가 여부가 증권성 판단의 기준으로 사용되고 있다. 증권성 판단에는 디지털자산 발행자가 공동사업의 결과 발생한 수익을 투자자에게 배분하는지가 주요 판단 기준이 된다. 수익 배분 없이 단순히 거래소에서 매매로 차익만 실현하는 경우는 증권성이 있다고 보기 어렵다. 또한 미국 증권거래위원회(SEC)는 블록체인 네트워크가 완전히 탈중앙화되어 특정 주체가 없는 경우 제3자의 노력 요건 등을 충족시킬 수 없어 증권으로 보기 어렵다고 하였다. 그러나 실제로 증권성 여부는 각 디지털자산의 사례별로 백서에 나타난 성격이나 운용 형태를 검토하여 판단하여야 하는데 결정하기가 용이하지는 않다. 주식이나 채권 등 기존의 증권을 디지털자산화하는 경우 당연히 증권형이 되겠지만 실물자산이나 디지털자산으로 디지털자산을 새로 만드는 경우에는 판단하기가 어렵다. 미국에서는 증권성을 띠느냐를 판단하기 위하여 규제 당국인 SEC와 발행자 간에 다툼이 있고 소송으로까지 가기도 한다. 리플(Ripple)은 3여 년에 걸쳐 미 SEC와 소송으로

---

32   투자계약증권이란 특정 투자자가 그 투자와 타인 간의 공동사업에 금전 등을 투자하고 주로 타인이 수행한 공동사업에 따른 손익을 귀속받는 권리이다(자본시장법 제4조).

다투어 일부 증권성이 없다는 판결을 받았다.[33] 한편, SEC는 스테이킹 서비스(staking service)도 디지털자산을 일정 기간 예치하고 블록체인 검증 등에 이용되어 그 대가를 받기 때문에 투자 계약으로 보고 있다. 디지털자산거래소인 코인베이스와 바이낸스가 등록하지 않고 스테이킹 서비스를 제공한 데 대하여 증권법 위반으로 제소하였다.

디지털자산 중 증권성이 인정되면 증권형 디지털자산(security tocken)으로 분류되고 증권 관련법의 적용을 받게 된다. 새로운 증권 형식이므로 각국의 사정에 따라 발행(Security Token Offering: STO)이나 유통에 대한 시스템을 별도로 마련하여 수용하기도 한다. 디지털자산 발행자들은 증권으로 분류되면 증권신고서 작성 등에 많은 비용을 지불하여야 할 뿐 아니라 공시 규제, 영업 규제, 불공정 거래 등 증권 관련법에서 정한 촘촘한 규제의 대상이 되기 때문에 증권으로 발행을 선호하지 않는다. 그러나 STO를 통하여 기존 금융 시스템에 수용됨에 따라 디지털자산에 대한 신뢰성을 제고하고 금융 혁신에 기여할 수 있다는 기대가 크므로 각 나라의 금융 당국은 도입하고 있다. 우리나라도 토큰증권 형태로 「자본시장법」 등 개정을 통하여 도입을 추진하고 있다.

③ 자산성

디지털자산은 화폐성, 증권성 논쟁을 거쳐 경제적 가치가 있는 재화로서 자산(assets)이라고 보는 견해가 지배적이다. 자산은 크게 주식, 채

---

[33] 2023년 7월 13일 뉴욕 남부 연방지방법에서는 SEC v. Ripple Labs 사건에 대하여 리플은 기관투자자에 대하여 직접 판매하는 경우에는 투자 계약으로 증권에 해당하고, 디지털자산거래소에서 리플의 거래는 증권으로 볼 수 없다고 판결하였다.

권 등 장기적인 투자 수익을 목적으로 하는 투자자산, 토지, 기계설비, 건축물 등 물리적으로 실체가 있는 유형자산과 영업권, 지적재산권 등과 추상적인 무형자산으로 구분된다. 디지털자산은 물리적 실체가 없이 암호화 기술 등에 의하여 디지털 형태로 표현되며 블록체인 네트워크 내에서 생성되고 보관된다. 이러한 특징으로 볼 때 디지털자산은 무형자산의 일종으로 보고 있다. 2019년 국제회계 기준에서는 디지털자산을 물리적 실체가 없으나 식별이 가능한 무형자산으로 분류하였으며, 우리나라 기업회계 기준도 이에 따르고 있다. 국제자금세탁방지기구(FAFT)도 디지털자산은 당초 가상통화(virtual currency)로 보았으나, 디지털자산이 ICO, 거래 차익 실현 등 투자자산으로 성격이 커짐에 따라 2018년 이후 가상자산(virtual assets)으로 용어를 변경하였다. 다만, 명칭은 디지털자산의 어떤 특징을 강조하느냐에 따라 다르게 부르고 있다. 국제회계 기준, 국제자금세탁방지기구(FAFT), 우리나라는 인터넷이라는 가상공간상의 자산이라는 의미로 가상자산(virtual assets)이라고 부르고, 유럽연합(EU)과 일본에서는 암호자산(crypto assets), 미국 등에서는 디지털자산(digital assets)이라는 용어를 쓴다. 자산은 과세 대상이 되고,「국세징수법」상 압류, 형법상 몰수도 된다. 특히 과세는 디지털자산시장에 참여자들의 관심이 가장 큰 분야이다. 자산에 대한 과세는 조세 원칙에 따라 자산의 거래 등으로 소득이 발생할 경우 과세를 한다고 하지만 디지털자산은 새로운 형태의 자산이기 때문에 과세 대상과 시기 등 과세 체계를 블록체인 기술와 디지털자산 시장의 특성에 맞게 만들어야 한다. 채굴, 지분증명, 에어드랍, 하드 포크 등을 통한 취득과 매매, 교환을 통한 디지털자산 양도 시 발생하는 소

04 시장과 규제의 충돌

득, 분산 금융(DeFi)의 유동성 풀, 이자 농사나 지분 증명을 위한 스테이킹 등으로 대여하였을 때 발생하는 소득 등이 주요 과세 이슈이다. 미국, 일본 등 주요국은 채굴이나 지분 증명을 통하여 디지털자산을 취득하는 경우 대개 사업성이 인정될 경우 과세의 대상으로 하고 있다. 에어드랍, 하드 포크를 통한 취득 시에도 미국·일본은 취득 시 시가를 소득으로 보아 과세하고, 영국·독일은 무상성이 인정되면 과세를 하지 않기도 하며, 우리나라는 증여로 보고 있다. 디지털자산의 양도로 발생한 소득에 대해서는 대부분 나라가 과세 대상으로 하고 있다. 다만 미국, 영국, 호주 등은 투자자산과 같이 자본이득세를 부과하고 있으나 일본은 잡소득으로 보고 다른 자산소득과 종합과세하여 세 부담이 크다. 디지털자산을 대여하는 경우는 미국, 일본 등에서 종합소득, 잡소득으로 과세하나 DeFi의 복잡성, 초기인 점 등으로 논의가 활발하지 않다. 우리나라의 경우 디지털자산의 양도와 대여로 발생한 소득을 기타 소득으로 분류하고 250만 원 기본공제, 20% 세율, 분리과세 방식으로 도입하였다.[34]

(2) 분산형 자율조직의 법적 지위

디지털자산 시장의 진화와 DeFi의 확산으로 새로운 운영 거버넌스인 분산형 자율조직(DAO)에 대한 법적 지위를 어떻게 가져갈 것인지에 대한 관심이 커지고 있다. DAO는 앞서 살펴본 바와 같이 스마트 계약을

---

34 디지털자산에 대한 과세는 2020년 세법 개정을 통하여 도입되어 2022년 1월부터 시행 예정이었으나 1년 유예 후 또다시 2년 유예되어 2025년 1월부터 시행될 예정이다. 그러나 정부는 2024년 세법개정안에서 2027년으로 재유예하는 방안을 제시하였다.

기반으로 탈중앙화된 네트워크 구조에서 거버넌스 토큰 보유자들이 주요 의사결정을 하는 등 자율적으로 운영되는 조직이다. 기존의 중앙집중식 조직은 상법 등에 근거하여 주로 법인 형태를 띠며 주요 의사결정은 경영진이 수행하며 법적 책임도 법인과 경영진이 지는 구조이다. 그러나 DAO는 구성과 운영 형태가 다를 뿐 아니라 국경을 넘어 운영되기 때문에 기존의 법률을 그대로 적용하는 데는 한계가 있다. 법적 지위가 불안정함에 따라 해킹 등으로 이용자의 피해가 발생하거나 대규모 자금 조달과 투자 시 문제가 생겼을 경우 법적 책임 주체가 명확하지 않다. DAO에 법적 지위가 주어지지 않을 경우 DAO가 법적 책임 주체가 될 수 없고, 이 경우 DAO 참여자에게 책임을 물을 수 있는지 아니면 시스템 설계자나 재단 등에 책임을 물어야 하는지 모호하다. 이러한 법적 공백을 틈타 책임을 회피하기 위하여 DAO를 이용하는 사례도 나타난다. DAO에 대한 법적 지위 명확화는 책임 분쟁을 해결하는 데 필수적이기도 하지만 DAO의 건전한 운영과 발전을 위해서도 필요하다.

 DAO는 구성과 운영 형태로 볼 때 상법상 유한책임회사나 민법상 조합, 법인 아닌 사단 등과 일정 부분 유사한 측면이 있다.[35] 상법상 유한책임회사는 투자를 통하여 출자사원이 되며 자신이 출자한 투자액 한도에서 법적 책임을 진다. 또한 의사결정은 임직원의 다수결 투표로 결정되며 업무 집행자를 정하여 명시하여야 한다. 민법상 조합의 경우는 2인 이상이 상호 출자하여 공동사업을 경영할 수 있으며, 구성원의 개인성이 강조되며 무한 책임을 지게 되지만 개별 지분을 자유로이 처분하지 못한

35　　김명아 외(2022). 탈중앙화 금융(De-Fi)의 기업·금융 규제 법제 연구, 한국법제연구원.

다. 법인 아닌 사단은 어촌계, 학회, 친목회, 입주자 대표회의 등과 같이 일정한 목적에 따라 결성되었으나 법인격을 갖추지 않은 조직이다. 정관을 갖추고 사원총회를 통하여 의사결정을 하고 각 사원은 시설물의 사용, 수익을 배분받을 수 있다. 이런 점들을 고려하면 익명성과 자유로운 참여가 보장된 DAO를 조합으로 수용하는 데는 한계가 있고, 유한책임회사나 법인 아닌 사단이 가까운 것으로 보인다. 그러나 기존 법 체계를 그대로 DAO에 적용하기는 어렵기 때문에 DAO의 특징을 고려하여 법적 지위 부여 방안을 모색할 필요가 있다. 미국은 와이오밍주, 버몬트주, 테네시주, 유타주 등에서 유한책임회사 설립과 비슷한 절차를 준용하여 DAO를 설립할 수 있도록 입법을 하였다.[36] 또한 미 법원은 2023년 6월 Ooki DAO가 등록하지 않고 마진 거래 등 DeFi를 제공한 데 대하여 미국 상품선물거래위원회(CFTC)가 상품거래법 위반 혐의로 제소한 사건에서 Ooki DAO를 법인 아닌 사단으로 보아 책임을 물었다.

2) 디지털자산 악용과 위험성

(1) 자금 세탁 등 불법행위에 악용

블록체인은 익명으로 디지털자산을 구매하고 P2P로 개인 간 거래가 가능하기 때문에 불법자금 세탁, 탈세 등으로 악용되고 있다. 디지털자산에 대한 규제를 촉발시키고 국제적 대응을 끌어낸 것도 이러한 위

36 　최선미(2023). 일의 미래: 탈중앙조직 DAO, 「전자통신동향분석」, 38(1), 한국전자통신연구원.

험성에 기인한 것이 크다. 자금 세탁(money laundering)은 범죄, 테러, 도박, 마약, 탈세 등 불법적으로 취득한 자금의 출처를 숨기고 합법적인 자금으로 사용할 수 있게 하는 행위이다. 그간 자금 세탁은 은행, 증권사 등 합법적인 금융기관에 차명 계좌를 개설하여 자금을 주고받는 행위, 부동산 구입, 무역 등 일반적인 기업활동을 가장하거나, 고가의 사치품 거래, 카지노, 경마장 등 취약한 고리를 통하여 이루어져 왔다. 자금 세탁의 일반적인 과정은 대개 거액의 불법자금을 금융기관의 예금, 주식 등 상품을 이용하여 소액으로 분할하여 보관하는 예치(placement) 단계, 예치한 자금을 자금 원천을 쉽게 추적하지 못하도록 국내외 다른 계좌로 이전을 반복하여 자금의 흐름을 복잡하게 만드는 은폐(layering) 단계, 자금을 인출하여 부동산·미술품 등 고가의 물건을 정상적으로 구입하는 합법화(integration) 단계를 거친다.

　디지털자산을 활용한 자금 세탁은 디지털자산거래소를 통하여 이루어지는 경우가 많다. 불법자금을 거래소에서 제3자의 명의로 디지털자산으로 바꾸고 이를 외국의 거래소에서 현금화하는 것이다. 불법자금을 디지털자산으로 교환할 때 아예 정식 거래소가 아닌 사설 교환업자를 이용하기도 한다. 사설 교환업자는 디지털자산 구입 대금과 수수료를 받고 대신 디지털자산을 구매하여 고객지갑으로 넣어 준다. 이러한 복잡한 과정을 거치기를 원하지 않는 경우 불법행위의 대가를 아예 디지털자산으로 받는 경우도 있다. 자금 세탁을 실행하려는 자들은 자금 추적을 막기 위하여 블록체인 기술을 이용하여 은폐 단계를 더 고도화하기도 한다. 범죄 수익을 디지털자산으로 바꾼 후 다수의 지갑으로 이전을 반복하면

04 시장과 규제의 충돌

서 다른 정상적인 거래와 혼합하는 믹싱(mixing), 일반 디지털자산은 거래 내역이 분산원장에 기록되지만 거래 기록이 남지 않는 다크코인(dark coin), 다크웹(dark web) 등을 이용하는 것이다. 자금 세탁은 분산형 거래소(DEX) 등 DeFi가 발전하면서 자금의 추적이 더 어려워지고 있다. 디지털자산거래소는 중앙화가 되어 있어 자금 세탁이 이를 매개로 이루어지기 때문에 거래소 규제로 자금 세탁을 제한하는 것이 가능하나 DeFi는 운영 주체를 특정하기 어려워 규제하기도 힘들기 때문이다. 디지털자산을 이용한 자금 세탁 규모는 체이널리시스(Chainalysis)에 따르면 2015년 4억 달러 수준에서 2022년 238억 달러로 크게 증가하였다.

자금 세탁은 국경 넘어 이루어지고 있기 때문에 이를 방지하기 위하여 국제적 공조하에 기존 금융 시스템에서 다양한 규제를 도입하고 있다. 국제 사회는 1989년 설립한 국제자금세탁방지기구(Financial Action Task Force on Money Laundering: FATF)를 중심으로 규제 방안을 마련하여 각국 금융기관에 권고하고 협력하고 있다. 우리나라도 「특정금융정보법」을 마련하고 금융정보분석원(Financia Intelligence Unit: FIU)을 설치하여 운영하고 있다. 자금 세탁 방지 규제는 매개 역할을 하는 은행 등 금융기관을 통하여 이루어지고 있다. 금융기관은 고객 신원 확인(Know Your Customer: KYC), 의심거래 보고(Suspicious Transaction Reporting System: STR), 고액현금 거래 보고(Currency Transation Reporting System: CTR), 송금 시 송수신자, 송금 규모 등 정보 제공(travel rule) 등의 의무를 수행하여야 한다. FATF는 디지털자산을 통한 자금 세탁이 증가함에 따라 2018년 디지털자산 사업자에게도 자금 세탁 방지 의무를 적용하는 것을 권고하였다. 2021년에는 스테이블코인, 대체 불가 토큰(NFT)에도 확대 적용하고, 트래블 룰(travel rule)을 디지털자산 사업자 간뿐만 아니라 디지털자산 사업자와 개인 간 이동에도 적용하도록 더욱 강화된 규제를 권고하였다. 이에 따라 미국, 유럽연합(EU), 일본, 우리나라 등 각국은 디지털자산에도 자금 세탁 방지 규제를 도입하고 있다. 그러나 자금 세탁 방지에 가장 중요한 트래블 룰을 시행하고 있는 나라가 2022년 98개 회원국 중 한국 등 11개국에 불과하고 블록체인 특성상 디지털자산 사업자가 아닌 개인에게도 적용하는 것이 현실적으로 어려운 한계가 지적되고 있다.

(2) 보안 위험성

블록체인은 암호화와 거래장부의 분산 저장 등으로 단일 실패점이 존재하지 않아 해킹 등으로부터 안전한 것으로 인식되고 있다. 그러나 블록체인 네트워크와 인터넷으로 연결된 디지털자산거래소와 개인이 보관하고 있는 전자지갑은 해킹, 악성 코드 배포, 계정 탈취 등 사이버 공격으로부터 취약한 부분으로 악의적인 해커의 공격 대상이 되어 왔다. 디지털자산거래소는 블록체인 네트워크의 필수 구성 요건은 아니지만 이용자 편의를 위하여 디지털자산 거래를 지원할 뿐 아니라 이용자들의 개인 키, 디지털자산 등 전자지갑 관리, 예치자금 보관 등 다양한 서비스를 중앙집중식으로 제공하여 단일 실패점이 된다. 해커들은 디지털자산을 탈취하려고 랜섬웨어, 피싱, 디도스(DDos) 공격 등의 방법으로 디지털자산거래소를 공격하고 있다. 2014년 일본의 마운트곡스는 해커로부터 디도스 공격을 받아 470억 엔(한화 4,200억 원)에 상당하는 막대한 디지털자산을 탈취당하여 파산에 이르렀다. 그 이후에도 일본은 2018년 코인체크(Coincheck)가 580억 엔, 2024년 DMM 비트코인이 482억 엔을 해킹당하는 등 대형 피해가 발생하였다. 미국·영국·독일·홍콩 등에서도 피해가 발생하였으며, 우리나라도 2018년부터 원화 마켓인 빗썸(2018년, 350억 원), 업비트(2019년 580억 원), 코인마켓인 지닥(2023년, 200억 원)이 해킹당해 사업자별로 수백억 원 규모의 피해를 낸 바 있다. 해킹은 전자지갑 사업자도 공격을 하였다. 2023년 에스토니아의 아토믹 웰렛(Atomic Wallet)은 북한 해커 조직으로 추정되는 해커의 공격으로 보관하고 있던 이더리움, 테더, 폴리곤 등 1억 달러 상당의 디지털자산을 도난당했다.

디지털자산 시장이 확산되고 기술도 진화됨에 따라 스마트 계약 등 프로토콜의 취약점을 악용하거나 DeFi 상품을 해킹하는 등 보안 침해 양상도 다양화하고 있다. The DAO 사례에서와 같이 해커는 스마트 계약의 허점을 악용하여 당시 The DAO의 자산 5,000만 달러를 탈취하였다. 블록체인의 기능을 향상시키는 사이드체인, 브릿지, 오라클 등에 대한 침해도 발생하고 있다. 2022년에 이더리움에 연동된 브릿지인 로닌 네트워크(Ronin Network)가 해킹당해 5.9억 달러 상당의 이더와 2,550만 USDC를 도난당하였다. 같은 해 블록체인 간 연동으로 상호운영성을 높이기 위한 웜홀(Wormhole)의 브릿지 서비스도 침해당해 거래 중단과 4,201억 원 상당의 피해를 보았다. 유니스왑(Uniswap)도 이용자들을 가짜 웹사이트로 이동하게 유인하는 피싱 공격으로 100억 원 상당의 이더리움을 빼앗겼다. DeFi 서비스 중 하나인 플래시론을 제공하는 Creams

Finance, Euler Finance 등도 해킹을 당했다. 해커들은 대출받은 토큰으로 분산형 거래소(DEX)에서 시세 조종하는 방식으로 피해를 입혔다. 체이널리시스(Chainalysis)에 따르면, DeFi에서 발생한 해킹 사고 피해는 2022년 31억 달러에 이른다. 디지털자산에 대한 해킹은 지속적으로 증가하고 있으며, 북한과 국제 테러집단 등이 무기 구입, 테러자금 마련을 위한 해킹도 급증하고 있다.

블록체인의 보안 위험성 증가에 대응하기 위한 규제가 강화되고 있다. 디지털자산 사업자들이 위험 식별, 시스템 품질관리 등 보안 기준을 충족하는 기술적 조치를 하도록 인가 요건에 반영하여 의무화하는 것은 물론 디지털자산을 인터넷과 분리하여 보관하는 콜드 월렛(cold wallet) 비율 강화, 긴급대응 및 복구 체계 등 관리적 조치도 시행하고 있다. 또한 공제조합, 보험 가입 의무화 등을 통하여 이용자의 피해 구제 방안도 마련하도록 하고, 사고 발생 시 형사 처벌, 재산적 피해 보상도 강화하고 있다.

(3) 개인정보 보호 침해

디지털자산은 실명 없이도 전자지갑을 만들 수 있을 뿐 아니라 거래 내역 등을 암호화하여 노출이 되지 않도록 하는 익명성을 특징으로 하고 있고, 이러한 익명성을 이용하여 자금 세탁 수단으로 악용하는 사례가 커지는 가운데 디지털자산에 대하여 아이러니하게도 개인정보 보호 침해 가능성이 제기되고 있다. 블록체인의 거래 내역 원장의 공유, 원장 내용의 불변성, 투명한 거래 내역 관리 등이 개인정보 보호 규제 측면에서 충돌한다는 것이다. 개인정보 보호 규제는 유럽연합(EU)이 2018년 일반 개인정보보호규정(General Data Protection Regulation: GDPR)을 시행한 것을 필두로 하여 국제적으로 규제를 강화하고 있다. 우리나라도 이러한 국제 추세에 맞추어 2020년 개인정보보호위원회를 독립중앙행정기관으로 격상하는 등 관련 법령을 정비하였다. 개인정보 보호 규제에서는 개인정보를 성명, 주민등록번호 등 식별 번호와 개인에 관한 정보뿐만 아니라, 특정 개인을 알아볼 수 없더라도 다른 정보와 결합하여 특정 개인을 식별할 수 있는 것을 포함한다. 따라서 개인정보에는 개인이 식별되지 않는 익명정보(anonymous information)는 포함되지 않으나 특정 개인을 알아볼 수 없는 정보라도 부가 정보를 이용하여 개인이 식별될 수 있는 경우 가명정보(pseudonym information)로서 포함된다. 개인정보는 개인정보 수집 최소화, 정보 처리 제한, 열람 등 접근 제한 등으로 보호받아야 하며, 제3자가 정보를 가공 처리할 경우 반드시 정보 주체의 결정을 받도록 하고 있다.

개인정보 보호 규제 측면에서는 전자지갑 주소는 익명화되었다고 하지만 자금 세탁 방지 규제의 도입 등으로 실명 계좌, 신원 인증(KYC) 등과 결합할 때 특정 개인을 식별 가능한 가명정보가 되고, 거래정보가 암호화되었지만 개인키로 확인이 가능하기 때문에 보호받아야 할 개인정보이며 관련 규제를 받아야 한다는 것이다. 그러나 블록체인의 성격, 용도에 따라 규제 수준이 달라진다. 블록체인의 운영자가 있는 폐쇄형 블록체인에는 개인정보 보호 규제의 적용이 용이하나, 개인정보를 처리하는 특정 주체가 없는 공개형 블록체인의 경우에는 현재의 규제를 그대로 적용하기 곤란하다. 노드나 채굴자는 암호화된 정보만 처리하기 때문에 정보의 구체적 내용을 모르기 때문이다. 중앙화 디지털거래소는 고객의 실명 계좌, 전자지갑 보관, 수탁 업무 등을 영위하기 때문에 개인정보 보호에 관한 규제가 적용된다. 특히, 개인정보 보호 규제는 디지털 법정 화폐(CBDC) 도입을 둘러싸고 첨예하게 대립된다. CBDC는 중앙은행 주도로 폐쇄형 블록체인 형태로 운영될 가능성이 크다. 자금 세탁 방지 규정이 엄격히 적용될 뿐만 아니라 운영 주체가 거래자, 거래 내역, 자금 이동 추적을 용이하게 할 수 있다. 현금은 익명성이 보장되는 반면 CBDC는 빅데이터 기술과 융합될 경우 재산 변동 내역, 주된 활동지, 생활 패턴 등이 노출될 우려가 제기되고 있다. 미국에서 일부 주를 중심으로 CBDC 도입을 반대하는 활동이 전개되고 있고, 2023년에는 미 상원에서 공화당을 중심으로 CBDC 발행금지법안을 제출하기도 하였다. 개인정보 보호 규제에 대응하기 위하여 블록체인 기술 개발자들은 개인정보 제공 없이 권한 있는 이용자임을 증명하는 영지식 증명 등 기술적 개선 방안을 강구하고 있다.

3) 시장 질서와 이용자 보호

(1) 발행 규제

규제를 하게 되는 공익적 목적 중 가장 큰 이유가 시장 질서 확립을 통한 이용자 보호이다. 디지털자산의 출현과 시장이 확산하면서 발생되는 이용자의 피해를 어떻게 예방하고 방지하느냐는 것이다. 이용자 피해는 디지털 자산의 발행부터 유통 단계에서 발생하고 있다. 이에 따라 새로운 규제 대상에 대하여 어느 수준으로 규제를 할 것인지 시장과 규제가 각 단계마다 충돌하고 있는 것이다. 디지털자산의 시작단계인 발행은 비트코인처럼 보상의 개념으로 지급될 때는 문제의 소지가 적으나 디지털자산을 발행하고 이를 판매하여 자금을 조달하는 ICO(Initial Coin Offering)의 경우 이용자의 금전적 피해를 초래할 수 있고, 이 경우 법적으로 처벌받는 유사 수신행위, 사기 등에 해당할 수 있다. ICO를 하면서 백서를 발표하기는 하지만 투자 위험, 배분계획 등 중요 투자정보가 누락되는 경우도 많고 어려운 기술적인 내용과 영문으로 작성되어 일반인이 알기 어렵다. 또한 발행에는 개발자, 블록체인 운영자, 재단 등이 다양한 행위자가 있어 발행인을 특정하기 어렵고 책임 소재를 밝히기도 힘들다. 특히 투자자금을 모은 후 갑자기 프로젝트를 중단하고 자금을 갖고 사라지는 러그풀(rug pull)과 같은 사기 행위, 허위 과장된 판매행위, 공모시장에서 시세 조종 등이 생길 경우 책임을 물을 법적 근거가 미약하다. 이의 대안으로 나온 디지털자산거래소가 디지털자산을 발행하는 IEO(Initial Exchange Offering)의 경우도 디지털자산의 인증으로 신뢰성을 높일 수 있으나 발행, 상장 심사 등을 모두 담당하여 이해 상충의 우려가 크다. 2020년 미국 증권거래위원회(SEC)는 IEO에 대하여 투자에 유의하라는 경보를 발동하기도 하였다.

ICO에 비하여 이용자 보호가 잘 정비된 기업 공개(IPO)는 증권 관련

법령에 따라 발행인과 판매자 등 주체를 명확히 하고, 중요 투자정보를 담은 증권신고서의 공시, 불완전 판매 금지 등 엄격히 규제하고 있다. 그러나 증권에 적용되는 발행 규제를 디지털자산에도 그대로 적용하면 디지털자산의 특성과 혁신성을 해칠 수 있다는 우려가 크다. 이에 따라 미국, 유럽연합(EU), 싱가포르 등은 증권형 디지털자산을 증권 관련법에서 관할하도록 하면서도 디지털자산에 대해서는 완화된 발행 규제를 하고 있다. 우리나라의 경우 2017년 9월 모든 형태의 ICO를 금지하였다. 그 결과 싱가포르 등 해외에서 디지털자산을 ICO한 후 국내 디지털자산거래소에서 상장하는 방식으로 이루어지고 있다. ICO 금지정책은 국내시장에서 무분별한 ICO를 방지하는 효과를 거두기는 하였지만 디지털자산의 발행과 유통에 대하여 체계적으로 발전시킬 기회를 박탈하였다.[37]

스테이블코인은 지급 결제, DeFi 유동성 공급 수단 등으로 활용이 확대되고 디지털자산 시장의 신뢰성을 좌우할 수 있어 발행 단계부터 이용자 보호 규제가 다른 디지털자산보다도 더 요구된다. 이용자들이 스테이블코인은 법정 화폐나 다른 자산을 담보로 하여 언제든지 금전으로 상환하거나 담보 자산으로 교환받을 수 있어 안정적이라고 생각하기 때문이다. 스테이블코인 발행자는 은행이 예금의 상환 요구 등에 대응하기 위하여 지급준비금 제도를 운영하는 것과 마찬가지로 법정 화폐 등 담보물을 준비자산으로 보유하고 있다. 그러나 이에 대한 규제가 정립되어 있지 않아 실제 발행자가 준비자산을 백서에서 밝힌 내용대로 보유하고 있는지, 어떻게 관리되고 있는지에 대한 우려가 커지고 있다. 준비자산 부

---

[37] 김갑래(2022). 국내 ICO 시장과 STO시장의 당면과제와 발전 방향, 자본시장연구원.

실이 나타날 경우 신뢰가 저하됨에 따라 집중 매도로 인한 가격 급락, 대량 상환 요구로 인한 지급 불능(default) 사태가 발생할 경우 이용자 피해가 커지고 디지털자산 시장 전체의 유동성 위기로 번질 수 있다. 법정 화폐 담보형인 테더(Tether)의 경우 발행 규모와 동일한 법정 화폐 등 준비자산을 보유한다고 하였지만, 법정 화폐 보유 부족과 기업 어음(CP), 회사채 등 위험자산 투자 등 준비자산 부실로 2017년 뉴욕주 법원과 미국 상품선물거래위원회(CFTC)로부터 제재를 받았다. 이의 영향으로 테더의 저가 매도가 대량 발생하고 가격 급락으로 이어지는 등 시장 불안이 고조되었다. 디지털자산 담보형의 경우도 보유한 디지털자산의 가격 변동성이 커 가격 불안과 대량 인출 우려가 크며, 알고리즘형은 테라-루나 사태에서 보듯이 가격 변동성이 쉽게 증폭될 수 있다. 테라는 알고리즘에 의하여 1달러의 가치를 유지하도록 설계되고, 시가 총액이 2021년 발행 시 2억 달러 수준에서 2022년 약 180억 달러로 90배 성장하였으나 그해 5월 알고리즘의 취약성 등으로 일주일 만에 90% 이상이 증발하였다.[38] 스테이블코인에서 제기된 디지털자산의 안정성 문제는 앞으로 실제 자산과 연계된 실물 기반 디지털자산(RWA)이 확산됨에 따라 더 커질 것으로 예상된다.

    이에 따라 세계 각국은 스테이블코인의 안정성 확보를 위하여 발행자 자격, 준비자산 규모와 운영 방식, 관리 감독 등에 대한 규제를 도입하고 있다.[39] 유럽연합(EU), 일본 등 대부분 나라들이 발행자를 은행 등 기존

---

38   박선영(2022). DeFi의 현황과 규제 방향, 「법경제학연구」, 19(2), 한국법경제학회.
39   BIS(2024). Stablecoins: regulatory responses to their promise of stability.

금융기관이나 디지털자산 관련 허가받은 기관으로 제한하고 있고, 영국(regulated stablecoin), 싱가포르(MAS-regulated stablecoin) 등 일부 나라는 감독기관이 인증한 표시를 사용하도록 하거나 유럽연합(EU)은 알고리즘 기반형은 스테이블코인에서 제외하는 등 스테이블코인의 유형도 명확히 하고 있다. 준비자산은 스테이블코인과 동일한 금액이나 자산을 분리된 계좌나 제3자에게 신탁 등을 통하여 보관하도록 하고, 감독기관이 주기적으로 감독하거나 발행자가 검증하고 공시하는 방안도 마련하고 있다. 동일 기능 동일 규제 원칙을 기반으로 전자금융의 선불 전자 지급 수단 운용 방식을 차용하기도 한다. 이에 더하여 자본금 등 건전성 규제도 도입하고 일정 규모 이상 발행하거나 국가 간 결제에도 사용되는 경우 더 강화된 기준을 적용하는 방안을 도입하고 있다.

(2) 유통 규제

디지털자산의 유통은 법정 화폐 매매가 이루어지는 중앙화된 디지털자산거래소를 통하여 집중적으로 이루어진다. 디지털자산은 거래소에 상장된 후 이용자들의 매수 또는 매도를 통하여 가격이 형성되고 거래된다. 증권의 유통과 유사한 양상을 띠고 있으나 증권의 경우 투자자 보호를 위하여 독립된 증권거래소가 문지기(gate keeper)로서 엄격한 상장 기준을 통과한 증권을 상장하고, 투자자의 예탁금은 증권금융회사가 신탁 등을 통하여 예치하며, 증권은 한국예탁결제원이 보관하도록 하여 안정성을 제고하고 있다. 거래 과정에서도 이해 충돌 등을 방지하기 위하여 주문은 증권금융회사가 수탁을 받고 한국거래소가 주문을 체결하도록 분리 운영되고 있다. 또한 증권 유통 과정의 내부자 거래, 시세 조종, 불공정 거래 등을 방지하기 위하여 불공정 거래 규제, 증권금융회사에 대한 행위 규제 등을 촘촘히 만들어 규율하고 있다. 그러나 디지털자산의 경우 거래소가 주문 수탁, 체결, 자금과 디지털자산 보관 등을 같이 하고 있고, 증권시장과 달리 복수의 거래소가 영업을 하고 있다. 따라서 디지털자산은 유통 과정에서 증권보다 이해 충돌, 불공정 거래 등 위험에 더 많이 노출되어 있다.

디지털자산의 거래 지원(상장)은 대부분 나라에서 거래소가 자체적으로 만든 상장 기준에 따라 심사하여 상장하고 있다. 상장은 이용자로 하여금 디지털자산이 검증된 것으로 인식하게 만드는 중요한 과정이다. 따라서 상장 심사는 투명하고 엄격한 기준과 절차에 따라 일관성 있게 이루어져야 한다. 그러나 상장 심사 과정에서 영리기업인 거래소가 이러한 공익보다는 더 많은 디지털자산의 거래를 통하여 수수료 등 수익의 극대화라는 사익을 우선시할 수 있다는 이해 상충 문제가 지속으로 제기되고 있다. 거래소는 영업적 판단, 이해관계에 따라 상장을 중단시킬 가능성이 크므로 상장 행위의 일관성과 신뢰성을 확보하기 어렵다는 것이다. 또한 거래소 간 경쟁 심화 시 타 거래소와 차별화하기 위하여 상장 기준에 맞지는 않지만 이용자들의 관심을 끌 수 있는 디지털자산을 상장할 유인도 있다. 이 밖에도 상장 담당 직원의 배임 등 리스크 관리 소홀, 자기 코인 발행 심사 시 이해 상충 등에도 노출되어 있다. 이에 대한 대응으로 국제증권감독기구(IOSCO)는 규제 당국이 전통 금융기관과 유사한 방식으로 디지털자산거래소가 상장과 상폐 기준, 절차, 공개 등을 하도록 규제하여야 한다고 권고하였다.[40] 현재 일본은 법정사업자 단체인 디지털자산협회가 상장 심사를 하고 있으며, 우리나라는 거래소 단체인 디지털자산거래소 공동협의체(DAXA)가 표준 상장 기준을 만들고 거래소는 이를 활용하여 개별적으로 상장 심사를 하고 있다.

디지털자산거래소를 통한 디지털자산의 매매, 교환 등 거래 과정은 다양한 불공정 거래행위에 노출되어 있다. 거래소는 디지털자산의 수요와 공급을 통하여 가격이 투명하게 형성되고 이용자들이 자신들의 판단으로 차익 거래 등을 통하여 이익 실현을 할 수 있는 플랫폼이다. 그러나 이용자들은 거래소, 발행자에 비하여 디지털자산 정보, 시장 동향 등 정보가 부족한 정보의 비대칭이 존재한다. 그리고 디지털자산 이용 형태를 보면 이용자들은 실물경제 상황, 손실가능성 등 합리적 분석에 의하기보다 물질적 보상심리, 사회관계망 서비스(SNS)와 대중매체 등에 의한 심리적 자극에 의하여 충동적으로 거래하는 경우가 많다.[41] 이에 따라 시장 참여자들 중 정보 우위에 있는 행위자가 정보 우위 악용, 불공정행위 등으로 부당 이익을 취하려는 시도가 끊임없이 발생한다. 이러한 양태는 증권시장과 유사하게 나타난다. 디지털자산거래소에서 빈번히 일어나는 것이 시세 조종행위이다. 시세 조종행위는 자율적인 수요 공급이 아니

---

40 IOSCO(2023). Policy Recommendation for Crypto and Digital Asset Markets.
41 이기광 외(2019). 비트코인 가격의 결정 요인: 한국시장에 대한 실증분석, 「한국증권학회지」, 48(4), 유현선(2021). 비트코인 투자행위에 대한 인지적 의사결정 프로세스 연구, 「인터넷전자상거래연구」, 21(3), 장영일 외(2018), 기술수용모형(TAM)을 통한 암호화폐 투자요인 분석, 「e-비즈니스연구」, 19(2).

라 인위적인 방법으로 디지털자산의 가격을 조정하는 행위이다. 주식시장에서와 같이 매도자와 매수자가 서로 짜고 신규 디지털자산이나 거래가 부진한 디지털자산의 가격과 거래량을 증가시켜 이용자를 유인하는 위장 매매, 실질적으로 디지털자산을 매매하기는 하지만 이용자들을 유인하려고 고가 주문, 허수 호가 등으로 가격을 올리는 행위 등이 있다. 또한 디지털자산 거래의 특성을 이용한 것으로 가두리 펌핑이 있다. 가두리 펌핑이란 특정 거래소에 디지털자산의 입출금을 막고 특정 디지털자산 가격이 급격히 상승하도록 하는 것이다. 해킹 등 사고나 인위적인 조치로 입출금을 중단한 상태에서, 시세 조작이 용이한 초기 발행 디지털자산이나 시가 총액이 작은 유통량이 디지털자산을 대상으로 대규모 예치금 보유자 등이 가격 조작을 시도하는 것이다. 2023년 8월 커브코인(Curve Coin: CRV)이 해킹 위험에 노출되어 거래소에서 출입금을 막자 하루 사이 400% 급등하기도 하였다.

시세 조종 외에도 거짓 시세, 부정한 수단 이용, 폭행 협박 등에 의한 다양한 부정거래 행위가 디지털자산 시장에서도 나타난다. 대표적인 것이 허위나 오해의 소지가 있는 정보를 퍼뜨려 가격을 상승시키고 보유물량을 처분하여 차익을 실현하는 치고빠지기(pump and dump)이다. 작전 세력은 텔레그램(Telegram) 등 소셜미디어나 메시저, 리딩방 등을 통하여 과장된 정보를 퍼뜨리고 인플루언서나 유명인을 끌여들여 홍보하기도 한다. 거래량을 부풀리고 가격을 인위적으로 부양하기 위하여 본인이 보유한 디지털자산을 스스로 사고파는 자전거래도 부정거래의 한 양상이다. 디지털거래소가 발행한 디지털자산을 자신의 거래소에 상장하는 경우 시세 조종 등 불공정 행위를 할 유인이 더 커진다. 디지털자산 거래는 24시간 가능하기 때문에 시세 조종이나 부정 거래를 하기가 증권보다 유리하며, 특히 국제 시세가 없는 국내 디지털자산(김치코인)의 경우는 작전 세력의 표적이 된다. 디지털자산 거래에도 주식시장에서와 같이 미공개 중요 정보를 이용하는 불공정행위가 발생한다. 주식의 경우 미공개 중요 정보 이용행위는 회사의 내부자가 투자 판단에 중요한 영향을 미치고 일반인이 알 수 없는 내부 정보를 이용하는 불공정한 거래행위로 엄격히 규제하고 있다. 디지털자산의 경우 디지털자산사업자, 발행자 등이 유명한 디지털자산이 상장되거나 대규모 주문 정보를 미리 알고 선행 매매하는 경우 일어날 수 있다. 또한 채굴자나 합의 승인 노드 운영자들이 블록에 포함된 디지털자산 거래 주문 정보를 미리 알게 되어 블록 승인 전에 거래하는 경우도 해당될 수 있다. 솔리더스(Solidus)에 따르면, 2021년 이후 56%의 디지털자산이 상장 전 미리 정보를 파악하여 매수하는 미공개 중요 정보 이용 양태를 보인다고 하였다.

　디지털자산의 유통이 거래소를 중심으로 형성됨에 따라 디지털자산거래소는 많은 리스크에 노출되어 있다. 디지털자산거래소는 주문 수탁과 체결을 함께 수행하고 이용자의 예치금과 디지털자산을 보관하고 있다. 이에 따라 이용자의 자금과 디지털자산이 거래소의 자산과 구분 없이 관리될 경우 이용자 자산 보호에 소홀해질 우려가 있다. 세계 3위의 디지털자산거래소이며 2022년 파산한 미국의 FTX는 미국 증권거래위원회(SEC)의 조사 결과, 이용자 자산과 회사의 자산을 혼합하여 관리하였을 뿐 아니라 미국 이용자의 디지털자산과 현금을 외국의 고객자산과 구분하지 않았고, 고객자산을 제3의 기관으로 임의로 이동하여 다른 용도로 유용한 것으로 밝혀졌다. 거래소가 이용자의 자산을 잘 관리하지 못할 경우 대량 인출 등 상황이 벌어지면 유동성 위기는 더 커진다. FTX 사례의 경우 당시 일 평균 거래액이 13조 원에 이르렀으나 내부거래, 고객자산 유용 등의 의혹이 제기되자 대량 인출이 일어났고, FTX는 유동성 부족으로 출금을 중단하는 사태가 나타났으며, 이로 인하여 디지털자산 가격이 급락하는 등 시장 전체에 영향을 주었다. 거래소가 이용자의 자산을 분리하여 관리하더라도 해킹 등으로 디지털자산을 탈취당하거나 파산, 임의로 출입금을 중지하거나 급작스러운 사업 중단 시 이용자들의 피해는 걷잡을 수 없게 된다.

디지털자산의 유통 과정에서 이용자의 피해 발생이 빈번하고 리스크가 커짐에 따라 디지털자산 거래소에 대한 규제 도입이 집중적으로 이루어지고 있다. 2023년 국제증권감독기구(IOSCO)는 디지털자산거래소 등 시장 전반에 대한 규제 방안을 권고하였다. 국제증권감독기구(IIOSCO)는 거래소가 자신의 이익을 위하여 거래에 관여하지 않고 모든 고객의 주문을 공정하고 공평하게 처리할 수 있도록 시스템과 절차를 마련하고 공개하도록 하여야 하며, 상장 절차도 명확히 하여 공시하여야 한다고 하였다. 또한 시장 조작, 내부자 거래, 자금 세탁, 허위 사실 공표, 자금 유용 등 다양한 사기나 시장 남용 행위를 근절하도록 규제를 마련하여야 한다고 밝혔다. 또한 규제 당국은 전통 금융과 디지털자산 간의 동일 기능, 동일 규제에 입각한 일관된 접근 방식을 취하여야 하며, 진화하는 시장 상황을 보아 효과적인 대처를 위하여 규제를 재평가하도록 하였다. 고객의 자금과 디지털자산을 보호하기 위하여 고객자산을 신탁하거나 거래소의 자산과 분리하도록 의무화하고 내부통제를 강화하여야 한다고 하였다. 아울러, 고객자산의 분실, 도난, 접근 불가 상황에 대비하여 통제장치와 절차를 마련하고 사이버보안 위협을 완화하고자 제3자의 독립적 감사도 실시하는 방안도 권고하였다. 국경을 넘어 거래되는 디지털자산의 특성을 고려하여 국가 간 협력도 강조하였다. 유럽연합(EU)·일본 등에서 이미 법령 제정 또는 개정을 통하여 규율하고 있으며, 우리나라도 「가상자산 이용자 보호법」을 제정하여 시행 중이다.

(3) 분산 금융 리스크와 과제

아직 분산 금융(DeFi)의 역사는 오래되지 않았지만 확산이 진전됨에 따라 잠재적 위험성은 커지고 있다. DeFi의 다양한 금융 서비스는 시세 조작, 불공정 거래 등에 쉽게 노출되어 가격 변동성이 더 커질 우려가 있다. 체이널리시스의 2024년 보고서는 분산형 거래소(DEX) 등 DeFi에 상장된 디지털자산의 50% 이상이 치고빠지기의 경향성이 있다고 보았다. DeFi에서는 러그풀(rugpull) 등 중앙화 금융에서 보이는 불공정 거래뿐만 아니라 플래시론, 파생 토큰의 준거자산과의 연동상실(de-peg) 등 새로운 위험도 발생할 우려가 있다. 2020년 10월 이자 농사 DeFi인 하베스트 파이낸스(Harvest Finance)는 플래시론을 악용한 해커의 공격을 받아 10분 동안 총 3,380만 달러에 상당하는 피해를 입었다. 또한 오라클 공격, 스마트 계약 해킹 등 DeFi의 주요 기능의 취약점을 악용하여 시세를 조종하는 사례도 발생하고 있다. 2023년 미국 증권거래위원회(SEC)에 의하여 제소된 망고코인(Mangocoin) 사례를 보면 해커인 Eisenberg가 오라클에 가격정보를 제공하는 거래소에서 망고코인의 가격을 지속적으로 높여 주문하면서 집중적으로 매집하여 24배까지 올린 후 대량 매도하여 가격 폭락을 초래하였다.[42] 체이널리시스는 2022년 디지털자산 시장에서 해킹 중 82.1%가 스마트 계약, 브릿지 등으로 분산 금융에서 발생한 것으로 분석하였다.

DeFi는 전통 금융 시스템보다 높은 위험에 노출되어 있지만 이에 대한 안정성 확보 대책이 부족하다. 전통 금융시장은 경제 상황, 이벤트 발생 등에 따라 가격 변동성이 일어나고 최악의 경우 대량 인출 사태(뱅크런) 등이 발생하는 경우에 대비하여 건전성 규제, 구제금융, 투자자 보호 등 금융안정망이 갖추어져 있다. 그러나 DeFi는 대출, 이자 농사 등 서비스에서 대량 인출이 발생할 경우에 대비한 준비자산, 유동성 보유 등과 같은 안정성 대책이 체계적으로 마련되어 있지 않고 얼마나 잘 준비하고 있는지 파악하기 어렵다. 또한, 이용자들이 선택한 서비스나 위험노출도에 대한 충분한 설명이 되고 있는지에 대한 의문이 제기되고 있다. DeFi는 개인과 개인 간에 전자지갑을 통하여 직접 거래되기 때문에 다크코인(dark coin), 다크웹(dark web), 믹싱(mixing) 등 익명성이 강한 서비스를 쉽게 이용할 수 있어 거래소를 중심으로 규율하고 있는 자금 세탁 방지 규제가 현실적으로 집행되기 어렵기 때문에 위법행위에 악용될 위험성이 커진다. DeFi 규제에서 가장 어려운 것은 앞에서 본 다양한 리스크들, 즉

---

[42] 송화윤(2024). 탈중앙화금융의 불공정 거래 양태 및 가상자산법 적용 검토, 「상사법연구」, 42(4).

DeFi에서 채무 불이행, 불공정 거래행위 등이 발생하거나 해킹, 프로그램 오류, 시스템 장애 등 운영상 문제가 발생하였을 때 분산화된 운영 방식으로 인해 책임 주체를 확정하기가 쉽지 않다는 것이다. 거버넌스 토큰 보유자, 발행 재단 등 누구에게 책임을 물을 수 있는지 명확하지 않다. 설령 책임자를 확정하였더라도 DeFi는 국경을 넘어 제공되고 있어 외국인까지 규율하기 힘들고, 책임자가 국가를 변경하기가 용이하여 특정 국가가 책임을 묻기 힘든 경우가 발생한다. 국제적으로 공동 규율을 만들지 않으면 일부 국가에서 규제를 만들더라도 집행의 실효성이 떨어질 수밖에 없다.

디지털자산에 대한 규제는 중앙거래소를 중심으로 만들어지고 있으나 분산 금융의 위험성에 대한 우려가 커지면서 국제증권감독기구인 IOSCO(International Organization of Securities Commissions), 경제협력개발기구(OECD) 등 국제기구가 DeFi에 대한 위험성을 지적하며 적절한 규제를 할 것을 권고하는 등 국제적 공동 노력이 시도되고 있다. 국제증권감독기구(IOSCO)는 2022년 DeFi가 전통 금융시장을 모방하는 복제(cloning)라 칭하며 동일 위험 동일 규제 원칙에 따라 금융과 자본시장과 같은 유사 규제를 적용하여야 한다고 주장하였다.[43] 2023년에는 DeFi 상품분석, 책임자 식별, 규제 공통 기준 마련, 이해 상충 식별, 중대한 운영·기술 리스크 대응, 포괄적인 공시제도 등 9개의 구체적인 정책 권고도 하였다.[44] OECD는 규제 주체로 분산형 자율조직(DAO), 영향력 있는

---

43   IOSCO(2022). Decentralized Finance Report.
44   IOSCO(2023). Final Report with Policy Recommendations for Decentralized Finance.

거버넌스 토큰 보유자, 수익 수취자, 관리자키 보유자를 우선적으로 고려하고, 이용자 보호를 위해 계약 조건, 경제적 보상 수준, 관리자키 보유 현황, 거버넌스 토큰 소유 상황 등을 투명하게 공시하는 것이 필요하다고 권고하였다.[45] 미국, 유럽연합(EU), 일본 등은 아직 DeFi를 종합적으로 규율하는 법을 만들고 있지는 않으나, 기존 금융 규제, 중앙화 디지털 자산거래소 규제 중에서 DeFi에 적용 가능한 경우 최대한 활용하려 하고 있다. 이에 따라 DeFi에 대한 규제의 불확실성이 높아지고 있었고, 이는 DeFi의 효율성과 발전을 저해하고 있다.[46]

4) 통화·금융시장으로 전이 방지

각국은 물가, 경제 상황 변화를 고려하여 적정한 수준의 통화량을 공급하는 통화정책을 통하여 경제의 안정과 성장을 추구한다. 통화정책은 법정 화폐를 발행하는 중앙은행이 수행하며, 기준 금리 등 이자율 조정, 국공채나 주식 등 증권을 시장에 매각하거나 매입하는 공개시장 정책, 그리고 은행들이 지불 능력을 확보하기 위하여 예금의 일정 비율을 중앙은행에 예치하는 지급준비율 제도 등을 통하여 통화량을 조절하고 있다. 통화량은 국민경제에 지대한 영향을 미치기 때문에 법정 화폐는 중앙은행만이 발행하는 등 엄격히 관리하고 있다. 민간이 화폐를 자유롭게 발

---

45   OECD(2022). Decentralized Finance Matters and the Policy Implication.
46   Ngnozi Samuel Uzougbo et al(2024). Regulatory Frameworks for Decentralized Finance: Challenge and Opportunities, *GSC Advansed Research and Reviews*, 19(12).

행하면 중앙은행의 통화정책이 실물경제에 미치는 영향이 거의 상실할 것으로 우려하고 있다. 중앙은행은 시중에 통화량이 많아 인플레이션을 자극하거나 경기가 과열되었을 때 기준 금리를 올려 예금 등을 통하여 시중 통화를 흡수하고, 반대로 경기를 진작하려고 금리를 낮추어 가계의 소비를 늘리고 기업 투자를 확대하도록 한다. 그러나 중앙은행의 지시를 받지 않는 디지털자산 등 민간 화폐가 대중화되면 법정 화폐에 대한 수요를 대체하게 됨에 따라 통화정책을 통한 파급 경로가 약화된다. 이러한 견해는 국제적으로 디지털자산의 화폐성을 인정하지 않는 추세이고 시가 총액도 통화량에 비하여 미미한 수준이므로 아직은 지나친 우려라는 인식이 크다. 그러나 최근 국경을 넘어 거래되는 글로벌 스테이블코인이 확산됨에 따라 통화 주권 측면에서의 우려가 대두하고 있다. 동일한 스테이블코인이 국제적으로 사용되면 각국의 화폐는 스테이블코인과 교환 비율로 정해지게 되고 장기적으로는 굳이 국가별 통화를 달리 발행할 유인도 없어지게 된다. 이러한 상황에서는 국가가 독립적인 통화정책을 효과적으로 펼치기 어려워진다. 각 나라는 글로벌 스테이블코인에 대응하고 지급 결제 시스템의 효율성을 제고하기 위하여 법정 화폐를 블록체인 기술로 발행하는 디지털 법정 화폐(CBDC)를 추진하고 있다.

스테이블코인 이용 확대, DeFi, 전통 금융과 디지털자산의 연계가 확산됨에 따라 금융 안정 측면의 우려도 커지고 있다. 가격 변동성이 큰 디지털자산 시장의 불안정 요소가 금융으로 전이될 경우 전체 금융 시스템의 안정성에 영향을 줄 수 있기 때문이다. 디지털자산이 금융 시스템에 미치는 영향은 다양한 경로를 통하여 파급된다. 크게 금융기관 경로, 투자 손실 경로, 시장 경로로 나눌 수 있다.[47] 우선 은행, 증권회사 등 금융기관을 통한 경로이다. 금융기관이 디지털자산에 직·간접 투자, 펀드 운용, 디지털자산 수탁업 등 수행, DeFi 거래 등 디지털자산 관련 투자나 영업행위를 하게 될 경우 가격 하락 시 손실 위험에 노출될 수 있다. 골드만삭스, 헤지펀드, 연기금 등 금융기관이 비트코인 선물, 옵션에 투자하고 있으며, 블랙록, 모건스탠리, JP모건 등은 디지털자산 전용 사모펀드, 선물 ETF 등을 출시하였다. 최근에는 블랙록 등 자산운용사들이 비트코인, 이더리움 현물 ETF를 출시하는 등 디지털자산에 대한 개입을 확대하고 있어 금융기관의 위험 노출은 커지고 있다. 금융기관은 디지털자산 가격이 하락하면 보유자산의 평가 손실을 기록하고, 특히 레버리지가 큰 파생상품의 경우는 손실 규모가 더욱 커지게 된다. 실제 2022년 루나-테라 사태 때 디지털자산에 투자한 헤지펀드인 스리 애로우 캐피털(Three Arrows Capital)은 파산하였다. 금융기관은 디지털자산과 직접 관련되지 않더라도 디지털자산에 참여하는 개인이나 기업에 대출해 주거나 디지털자산사업자의 지분을 취득하는 경우 위험에 노출될 수 있다.

금융 시스템으로 전이되는 다른 경로는 개인이나 기업이 디지털자산 시장에 참여함에 따라 발생한 손실이 파급되는 것이다. 개인이나 기업이 디지털자산에서 손실을 보게 되면 소비를 줄이거나 다른 사업에 투자를 축소하는 등 금융, 경제 전반에 부정적 영향을 미치게 된다. 디지털자산은 시장 경로를 통해서도 금융 시스템에 영향을 미친다. 디지털자산 선물 또는 현물 ETF, 디지털자산 사업자의 상장 주식 등 관련 금융상품의

---

[47] 한국은행(2021). 2021년 상반기 금융안정보고서.

가격이 급락할 경우 금융시장 전반의 변동성이 확대될 수 있다. 이 밖에도 DeFi 등 디지털자산 시장의 신뢰성이 무너질 경우 부정적 영향이 금융시장에도 파급될 우려가 있고, DeFi의 활성화와 국제 결제용으로 스테이블코인의 이용이 확대되어 전통 금융기관의 예금, 국제 결제 등이 디지털자산 시장으로 뺏기게 될 위험성도 있다.[48]

IMF는 아직까지 전통 금융기관과 디지털자산 간의 전이 위험성이 크지 않으나 규모가 적은 은행, 미국의 실리콘밸리같이 디지털자산과 첨단 IT 기술이 발달한 지역은 위험성이 집중되며 장기적으로 은행 등 전통 금융기관의 매개 기능 대체 등이 일어날 경우 금융안정성 리스크는 더 커진다고 보았다.[49] 2023년 핀테크, 디지털자산 창업기업들을 주요 고객으로 하고 있는 미 실리콘밸리의 SVB(Silicon Valley Bank)는 코로나 이후 IT 기업들의 경영 악화로 예금 인출이 집중되면서 파산하였으며, 시그니처(Signature), 실버게이트(Silvergate) 등 다른 중소은행으로도 급속히 전이되었다. 우리나라는 금융기관의 디지털자산 시장 참여를 제한하고 있어 금융기관 경로의 위험성은 크지 않으나 디지털자산 이용이 2030세대의 개인 위주로 이루어져 손실의 충격이 이들에게 집중될 수 있다.

5) 규제의 딜레마

디지털자산은 자금 세탁 등 불법행위 수단으로 악용되고 투기적 거래

48　Financial Stability Board(2023). The Financial Stability Risks of Decentralized Finance.
49　IMF(2023). Assessing Macrofinancial Risks from Crypto Assets.

양태로 부정적 인식이 클 뿐 아니라 해킹, 시장의 불공정 거래로 이용자의 피해가 커지면서 규제 강화의 목소리가 높다. 중국 등 일부 국가는 디지털자산의 발행, 채굴, 거래를 아예 금지하기도 하였다. 그러나 블록체인 기술은 그 이전에는 구현할 수 없었던 중앙관리기관이 없이 신뢰성을 담보하는 분산거래 시스템을 구축하여 훨씬 빠르고 더 싼 비용으로 자산과 금융 거래가 일어나게 할 수 있는 혁신성을 가지고 있으므로 발전을 장려하여야 한다는 주장도 만만치 않다. 과도한 규제로 우리 경제와 금융의 혁신을 저해하고 새로운 산업과 미래 국가 경쟁력을 확보할 수 있는 기회를 놓치게 될 것을 우려하고 있다. 이에 따라 디지털자산의 부작용을 막기 위하여 규제하면서도 혁신을 해치지 않도록 하려면 어느 수준을 지켜야 하는가의 딜레마에 빠지는 것이다.

돌이켜 보면, 새로운 기술과 시장의 출현과 규제는 항상 충돌해 왔다. 혁신을 위하여 신기술의 도입을 촉진하여야 한다는 요구와 신기술로 인한 위험을 통제하기 위하여 규제하여야 한다는 주장이 맞서기 때문이다. 1800년대 중반 자동차의 등장은 마부들과 관련 종사자들에게 위협이 되었다. 빠른 속도와 치명적인 교통사고 등 안전을 이유로 마차의 속도보다 빨리 달리지 못하게 한 적기조례(赤旗條例, Red Flag Act)는 자동차산업의 발전 속도를 막은 대표적 사례이다. 이러한 규제에도 불구하고 자동차는 안전장치를 보강하면서 운송수단의 주류가 되었다. 1900년 중반 분산통신 프로토콜을 기반으로 나타난 인터넷은 음란물, 불법 게시물 등 불건전 정보가 유통되는 온상으로 여겨졌다. 누구나 인터넷에 게시물을 올릴 수 있으나 이를 추적하거나 관리하는 주체가 없었기 때문이다. 이에 따라 인터넷을 아예 차단하자는 주장부터 표현의 자유를 허용하여야 한다는 극단적인 주장이 충돌하였다. 인터넷은 그 이후 자율 규제, 사업자의 책임성 강화 등 유연한 규제로 이제는 인터넷 없이는 하루도 살 수 없는 필수적인 통신수단이 되었다. 금융 분야에서도 1600년대 도입된 주식 등 근대적 증권제도는 주주들이 무한책임을 지는 것이 아니라 출자 한도 내에서 책임지게 하는 것으로 당시에는 파격적인 사회적 발명품이었다. 주식의 출현으로 기업들은 일반 투자자로부터 대규모 자본 조달이 가능해졌다. 그러나 불투명한 사업구조를 가진 기업들의 난립과 무분별한 투자로 인한 일반 투자자의 피해는 해결하여야 하는 과제였다. 주식 등 증권제도는 400년에 걸친 점진적인 규제 개선을 통하여 오늘날과 같은 금융자산 거래 플랫폼이 되었다.

최근 국제적으로도 디지털자산에 대한 규제가 활발히 논의되기 시작하였다. 2023년 국제통화기금(IMF)은 디지털자산은 국경 간 지급 결제의 효율화, 투명한 거래, 금융 포용성, 다양한 금융 서비스 제공 등 장점이 아직 현실화되지 않았지만 거시경제와 금융 안정성 저해, 법적 지위 불확실, 소비자 보호, 탈세 등 금융 건전성을 해칠 우려가 커지고 있다고 보았다. 그러면서 디지털자산의 혁신성을 고려하여 엄격한 제한이나 전면적 금지(blanket ban)보다는 좀 더 잘 규율된 합법적 시장이 존재하는 유연한 형식의 포괄적 규제(comprehensive regulation)를 권고하였다.[50] 그러나 각 나라가 디지털자산의 부작용을 효과적으로 규율하면서도 혁신을 저해하지 않는 규제라는 정답을 찾기는 쉽지 않다. 규제는 개별 국가

---

50   IMF(2023). Elements of Effective Policies for Crypto Assets.

의 경제·사회적 여건, 법률 체계, 블록체인 기술과 시장의 발전 정도, 정치적 상황 등 외부 환경적인 요인뿐만 아니라 규제정책 수립에 참여하는 규제 당국과 디지털자산 사업자, 전통 금융기관, 이용자 등 이해관계자들의 태도, 인식, 역량에 따라 달라지기 때문이다. 이에 따라 국가별로 다양한 규제 스펙트럼이 나타나고 있다.

05
세계 각국의 규제혁신 경쟁

1) 미국

미국은 디지털자산에 대하여 체계적이고 일관성 있는 규제 체계를 마련하고 있지 않다. 디지털자산에 대한 규제도 기존 법령에 따라 증권거래위원회(Securities and Exchange Commission: SEC), 상품선물거래위원회(Commodity Futuress Trading Commisson: CFTC), 재무부, 법무부, 주정부 등 다양한 관할기관이 개입하고 있다. 연방 차원에서 디지털자산의 거래와 감독에 대해서는 SEC와 CFTC가 관여하고 있고, 자금 세탁 방지, 불법행위 등에서 재무부, 법무부가 단속과 대책을 마련하고 있다. 주 차원에서는 뉴욕주 등이 디지털자산 거래업 면허 등 디지털자산에 대한 규제를 도입하거나 와이오밍주, 유타주 등과 같이 DAO의 법적 지위를 부여하는 법을 제정하는 등 주마다 입법 상황과 규제제도가 다르다. 미국은 디지털자산에 대하여 적극적인 규제정책을 시행하지 않았지만 최근 디지털거래소인 FTX의 파산, 테라-루나 사태, 바이낸스 법 위반 제소 등으로 디지털자산의 불안정성이 커지자 이용자 보호와 디지털자산거래소의 감독 강화 등의 요구가 커지면서 규제를 정비하려는 움직임이 나타나고 있다.

(1) 연방 차원의 규제

미국에서는 디지털자산의 법적 성격을 디지털자산(digital assets)으로 규정하고 있지만 관할기관이 명확히 정립되어 있지 않다. 상품선물거래위원회(CFTC)가 디지털자산을 금, 농산물 등과 같은 상품으로 보고 「상품규제법(Commodity Exchange Act)」에 따라 규율하고 있다. CFTC는 디지털 토큰과 이와 관련된 선물 등 파생상품을 디지털자산으로 규정하고 상품과 거래소 등록, 관리 감독을 하고 있다. 기본적인 등록관리와 사기 등 불법행위 방지 차원에서 시행하고 있어 규제의 세기가 강하지 않다. 그러나 디지털자산이 증권에 해당된다고 판단되는 경우 「증권법(Securities Act)」에 따라 증권거래위원회(SEC)가 개입한다. 증권성 여부는 SEC가 하위(Howey) 기준이 적용된 투자 계약 요건에 부합하는지를 검토하여 판단한다. 연방대법원에 의하여 정립된 투자 계약 요건은 타인(제3자)의 노력에 의존, 이익에 대한 합리적 기대, 공동사업 참여, 금전 투자로 구성되어 있다. SEC는 블록체인 네트워크가 충분히 탈중앙화되어 제3자가 식별되지 않는다면 중요 정보에 대한 비대칭성이 감소하기 때문에 투자자 보호를 위한 투자 계약에 해당되지 않는다고 판단하였다. 이에 따라 비트코인, 이더리움은 증권성이 인정되지 않는다고 하였고, 중앙화 운영 형태를 띤 리플(Ripple), 바이낸스의 스테이블코인인 BUSD는 증권으로 보았다. 리플은 증권성 적용에 불복하여 SEC와 소송 중에 있다. 증권으로 인정되면 공모와 판매행위 전반에 대하여 「증권법」에 따른 강력한 규제가 시행되고 위반 시 법적 처벌도 따르게 된다. SEC는 테라-루나를 증권으로 보아 「증권법」에 의한 사기 방지와 증권 거래 등록 조항의 위반을 이유로 기소하였다. 디지털자산이 증권에 해당하는지 여부가 개별 디지털자산에 대한 판단을 통하여 결정됨에 따라 규제의 모호성과 불확실성이 높고, SEC와 CFTC 간 중복 규제와 관할권 갈등이 나타나기도 한다. 이에 따라 디지털자산의 증권성 판단에 대한 명확한 기준과 관할권 정립, 이용자 보호 등을 위한 투명한 규제 등에 대한 요구가 커졌다.

그간 디지털자산을 규제하기 위한 다양한 법안[51]들이 의회에 발의되었으나 논의에 그치고 입법화되지 못하였다. 의회의 입법이 지지부진하자 2022년 9월 행정부 차원에서 바이든 대통령이 디지털자산 규제 프레임워크(Digital Assets Regulatary Framework)를 발표하였다. 행정부는 디지털자산의 리스크로부터 소비자, 투자자, 기업을 보호하기 위하여 규제 당국을 중심으로 적극적으로 대응하고 디지털자산과 주류 금융 간 위험분석을 강화하여 금융안전성을 도모하는 한편 자금 세탁, 테러자금 조달 방지 제도를 개선하여 불법금융을 퇴치해 나가기로 하였다. 아울러 지불 시스템 혁신, 디지털자산 생태계에의 접근가능성 제고 등을 통

---

[51] Digital Commodity Exchange Act of 2020(2020.9), Digital Asset Market Structure and Investor Protection Act(2021.7), Responsible Financial Innovation Act(2022.7) 등이 발의되었다.

하여 안전하고 경제적인 금융 서비스 이용을 활성화하고 차세대 암호화, 혁신 금융 서비스, CBDC 등에 대한 연구개발을 강화할 것임을 밝혔다. 미국은 글로벌 금융 리더십을 유지하고 경쟁력을 강화하기 위한 노력도 강화하기로 하였다.

이러한 가운데 최근 의회에서는 디지털자산 규제정책에서 의미 있는 진전을 보았다. 21세기 금융혁신기술법안(The Financial Innovation and Technology for the 21st Centry Act), 블록체인 규제 명확성 법안(Blockchain Regulatory Certainty Act), 결제용 스테이블코인 투명성 법안(Clarity for Payment Stablecoins Acts of 2023), 블록체인 진흥법안(Deploying American Blockchains Act) 등 디지털자산 관련 4개 법안이 미 하원에서 논의되고 있다.

이 중 21세기 금융혁신기술법안과 블록체인 진흥법안은 2024년 5월 하원을 통과하였다. 21세기 금융혁신기술법안은 그동안 논란이 되어 오던 디지털자산에 대한 SEC와 CFTC 간의 역할을 명확히 하였다. 디지털자산을 디지털상품(digital commodities)과 제한된 디지털자산(restricted digital assets), 그리고 결제 스테이블코인(payment stablecoins)으로 구분하였다. 디지털상품은 일반적인 디지털자산, 제한된 디지털자산은 증권형을 의미한다. 두 디지털자산의 구분은 탈중앙화 수준이 관건이다. 법안은 발행자 등 특정 관계인이 20% 이상 디지털자산에 대한 소유권 또는 투표권을 가지지 않은 경우 탈중앙화된 것으로 보아 디지털상품으로 분류하고, 그렇지 않은 경우 증권성을 가진 제한된 디지털자산으로 분류하도록 하였다. 이는 탈중앙화될 경우 투자 계약 요건인 제3자가 없기 때문에 증권성을 인정할 수 없다고 한 SEC의 입장과 상통한다. 이에 따라 디지털상품은 CFTC가 관장하고 제한된 디지털자산은 SEC가 담당하도록 하였다. 법안은 이러한 정의를 기초로 디지털자산 발행, 거래소 등 디지털자산사업자 등록, 행위 규제 등을 규정하였다. 이 밖에도 SEC와 CFTC 협의체 구성, DeFi 추가 연구 등을 규정하고 있다. 블록체인 진흥 법안은 블록체인 등 분장원장 기술, 토큰의 이용 활성화, 산업경쟁력 강화를 위한 정책을 미 상무부가 추진하도록 규정하고 있다. 이에 따라 상무부는 인공지능(AI), 사이버 위협에 대응한 블록체인 기술 개발, 전자상거래, 헬스케어, 공급망 등 분야에 토큰화 성공 사례 확산, 경쟁력 강화를 위한 산업정책을 추진하여야 하고, 법 제정 후 180일 이내에 관계 부처, 학계, 전문가, 관련 업계 등으로 구성된 자문위원회를 구성·운영하여야 한다.

　블록체인 규제 명확성 법안은 블록체인 기술개발자, 서비스 제공자들이 디지털자산을 관리하지 않는 경우 금융기관을 보지 않는다고 규정하였다. 이는 블록체인 서비스 제공자 등이 겪는 규제의 불확실성을 제거하여 블록체인의 혁신활동이 활발히 이루어지도록 하기 위한 것이다. 결제 스테이블코인 투명성 법안은 스테이블코인의 발행 요건, 발행사업자의 금융기관 수준의 규제 등을 내용으로 하고 있다. 스테이블코인의 규제와 감독은 SEC와 연준 간의 이견이 있지만 미국의 연준이 담당하도록 하였다. 다만, SEC와 CFTC가 관리하는 거래소에서 거래가 가능하다고 하였다. 두 법안은 2023년 7월 미 하원 금융 서비스 위원회를 통과한 상태이다.

(2) 주요 주정부의 규제 동향

디지털자산에 대한 주(州)별 대응 상황은 다양하다. 그중에 대표적인 뉴욕주와 와이오밍주를 중심으로 살펴본다. 뉴욕주는 2015년 6월 세계 최초로 금융 당국이 가상통화업을 감독할 수 있는 규제 체계인 가상통화업 감독규정(Regulations of the superintendent of Financial Services, Part 200, Virtual Currencies)을 만들었다. 디지털자산을 가상통화(virtual currencies)로 규정하고, 가상통화거래소, 보관업, 지갑서비스업 등을 영위하는 가상통화업자는 뉴욕 금융청에 면허를 받도록 하였다. 가상통화업자는 부정 방지, 자금 세탁, 해킹 방지 등 보안 대책, 개인정보 보호 등 관련 규정을 준수하여야 하며, 이용자 자산 보호를 위하여 가상통화업자는 당국이 정한 보증금 또는 신탁 계정을 유지하여야 한다. 또한 자본금 요건을 지켜야 하며 가상통화와 관련한 위험 요소, 거래 조건을 공시하도록 하였다. 감독기관은 매 2년마다 재정 상태, 사업안정성, 건전성에 대한 검사를 하도록 하였다. 뉴욕주는 2022년 6월 가상통화지침(Virtual Currency Guidance)을 통하여 스테이블코인의 발행 규정을 만들었다. 발행자는 스테이블코인의 가치와 동일한 가치의 자산을 준비금으로 마련하고 자기 자산과 분리되어야 하며, 연방보험공사 등 공신력 있는 예금기관에 예치하도록 하였다. 준비금은 미 국채, 국공채 MMF 등 자산으로 운영하고 공시하도록 하였으며, 공인회계사로부터 월 1회 감사를 받아야 한다.

와이오밍주는 블록체인 기업 유치와 분산형 자율조직(DAO)의 법적 불확실성을 해소하기 위하여 2021년 DAO의 법적 지위를 정하는 근거법(Wyoming Senate Bill 38, DAO 보충 조항)을 만들었다. 동법에서 DAO를 유한책임회사(Limited Liability Company: LLC)에 준하는 것으로 보았다. 유한책임회사는 구성원이 자신이 출자한 투자금 한도 내에서 법적 책임을 지며, 이사회 구성이나 책임사원 지명 등의 의무 사항이 없다. 회사의 소득은 출자한 자본 비율로 개인에게 할당하여 법인세 대신 개인소득세로 대체할 수 있어 이중과세 우려가 적다. DAO법은 유한책임회사법을 준용하여 정관과 스마트 계약에 DAO와 구성원 간의 관계, 지분, 이익 구성, 의결권 행사에 관한 사항을 정하도록 하고, 스마트 계약이 변경되면 정관도 변경하도록 하였다. 또한 스마트 계약과 거버넌스 토큰 등을 통하여 집단적인 의사결정을 하는 DAO의 기술적 특징을 반영하여 정관에 사원운영형(memeber-managed DAOs)인지 알고리즘형(algorithmic managed DAOs)인지를 명시하도록 하고, 스마트 계약을 확인할 수 있는 공개키를 기재하도록 하였다. DAO의 해산은 존속 기간 만료, 구성원 과반수 이상의 해산 의결, 정관이나 스마트 계약에서 정한 해산 사유 발생 등이 있는 경우 진행된다. DAO에 법적 지위를 부여한 주는 2018년 버몬트주가 블록체인 기반 LLC(BBLLC, Blockchain-Based Limited Liability Company)로 규정하였고, 2022년에는 테네시주, 2023년 유타주가 유한책임회사 형태로 DAO의 법적 지위를 인정하였다.

  미국의 디지털자산에 대한 규제는 시장 메커니즘과 혁신을 중요시하고 이용자 보호 등 공익적 목적을 위하여 규제를 도입하더라도 최소한 효율적으로 함으로써 시장과 기술의 발전을 저해하지 않는다는 미국의 경제 규제 원리가 작용하고 있다. 정부가 시장에 개입하여 의도한 목적을 달성하기 위한 질서를 창조하거나 시장을 창출하겠다는 방식의 규제 도입은 지양하고 있다.[52] 미국에서는 디지털자산이 최소한의 등록 절차 등을 거치면 발행, 유통을 할 수 있고, 블록체인 기술과 금융 아이디어가 결합된 DeFi 서비스도 제공할 수 있다. 다만, 자금 세탁 방지나 사기, 고객자산 유용 등 일반적인 불법행위는 엄격히 제한하고 있고 증권법에 따른 증권 규제를 적용하고 있다. 최근 입법화를 추진하는 21세기 금융혁신기술법, 결제형 스테이블코인 투명성법, 블록체인 규제 명확성법, 블록체인 진흥법 등을 보면 이용자 보호와 디지털자산, 블록체인 산업의 발전을 조화하려는 고민이 들어 있다. 가장 큰 법 제정 이유가 SEC와 CFTC 간 관할권 영역의 불확실성으로 겪는 시장 애로에 대하여 이를 명확히 함으로써 규제의 투명성을 제고하는 데 의의가 있고 스테이블코인 등 시장에 출현한 새로운 자산이 이용자 보호와 조화를 이루면서 활성화될 수 있는 제도적 기반을 마련해 주는 데 있는 것으로 판단된다. 이러한 규제적 환경은 인터넷 시대에 구글, 애플, 메타(구 페이스북) 등 글로벌 IT 기업들을 만들어 냈듯이 디지털자산 분야에서도 비트코인, 이더리움 등 주요 디지털자산의 개발과 달러에 연계된 스테이블코인 활성화, 다양한 DeFi 서비스 제공 등 디지털자산 시장의 발전이 미국을 중심으로 이루어지는 토대가 되고 있다.

---

52   이민창(2019). 미국 규제관리체계의 제도적 함의, 「한국행정연구」, 28(2).

2) 유럽연합(EU)

유럽연합(EU)은 금융 법률을 디지털시대에 적합하게 맞추고 금융 분야에서 블록체인과 분장원장 기술 등 혁신적인 기술을 활용하여 미래 대비형 경제를 만들기 위하여[53] 세계 최초로 디지털자산 규제법을 제정하였다. 2023년 4월 EU 의회는 2020년 9월 EU 집행위원회가 제안한 「암호자산시장법(Regulation of Markets in Crypto Assets: MiCA)」[54]을 통과시켰고, 2023년 각료이사회의 가결을 통하여 제정하였다. 이 법은 2024년 6월 자산 준거 토큰, 전자화폐 토큰에 관한 규정을 시행하고 2025년부터는 기타 토큰에 대하여 순차적으로 시행할 계획이다. 총 9편 126개 조문과 부속서로 구성되어 있고, 암호자산의 정의와 발행에서부터 상장, 유통 과정에 대한 규율을 아우르고 있으며, 암호자산 시장에서의 불공정 거래행위 규제, 자금 세탁 방지, 감독청의 역할을 규정하는 등 암호자산에 관한 전반적인 규율 체계를 포함하고 있다.

MiCA는 디지털자산을 암호자산으로 규정하고, 보안을 위하여 암호 기술을 사용하고 분장원장 기술 또는 이와 유사한 기술을 사용하여 전자적으로 이전, 저장될 수 있는 디지털 가치와 권리로 정의하고 있다.[55] 주요 암호자산으로는 자산 준거 토큰(asset-referenced token), 전자화폐 토큰(e-money token), 유틸리티 토큰(utility token) 등 세 가지 유형을 제

---

53   암호자산시장법 전문.
54   EU는 가상자산이라는 명칭 대신 암호자산(crypto assets)이라는 용어를 사용하고 있다.
55   「암호자산시장법」 제3조 제1항 (2).

시하였다. 자산 준거 토큰은 특정 국가의 통화나 이와 유사한 가치를 가진 자산, 또는 이들의 바스킷 등에 기반하여 가치를 안정시키는 암호자산을 말한다. 특정 자산이 기반이 되어야 하며 루나와 같이 가치 안정 알고리즘에 기반한 코인은 이에 포함되지 않는다. 전자화폐 토큰은 토큰의 가치를 법정 화폐의 가치와 동일하게 유지를 목적으로 하는 암호자산이다. 이 두 암호자산은 가치의 안정성을 지키는 스테이블코인으로 분류된다. 반면 유틸리티 토큰은 블록체인 네트워크에서 이용 가능한 상품과 서비스에 대한 디지털 접근이 가능하게 할 목적으로 사용되는 암호자산이다.

EU의 암호자산 정의의 특징을 보면, 우선 동법의 적용 대상을 명료히 하고 있다. 금융투자상품, 전자화폐, 예금, 구조화예금, 유동화증권 등에 해당하는 경우에는 동법이 적용되지 아니한다.[56] 또한 대체 불가 토큰(NFT)은 적용 대상이 아니라고 밝혔으나 여러 부분으로 분할되어 거래되는 경우는 적용 가능성이 있다고 보았다. 암호자산이 증권 등 금융투자상품에 해당되는 경우에는 「금융투자상품법령(MiFID, MiFIR)」에 따르게 된다. 동법에 적용 대상이 되는 암호자산의 경우도 금융시장에 미치는 영향 등을 고려하여 규제의 정도를 달리할 자산준거형, 전자화폐형, 유틸리티형 등 세 개의 암호자산으로 분류하고 있다. 이는 암호자산에 대하여 적절한 규제를 하면서도 혁신적인 기술 발전을 저해하지 않으려는 동법의 제정 배경을 살리려고 고심한 결과로 판단된다.

「암호자산시장법」은 자산준거형, 전자화폐형 암호자산의 발행에 대

---

56 「암호자산시장법」 제2조 제2항.

하여는 좀 더 엄격한 규제를 하는 반면, 유틸리티형 등 위 두 가지 유형에 포함되지 않는 암호자산에 대해서는 상대적으로 약한 발행 규제를 하고 있다. 자산준거형은 EU 법인이 회원국 관계 당국의 인가를 받아 발행할 수 있다. 발행자는 백서와 함께 정관, 자본금, 내부통제 및 보안 등 리스크 관리 절차 등이 포함된 인가신청서를 제출하여야 한다. 백서에는 발행자 정보, 지배구조, 프로젝트 내용과 기술, 위험 요소 등 일반적인 백서의 내용 외에 암호자산 보유자의 반환 청구에 대비하기 위한 준비자산의 내용, 관리 체계, 투자계획 등을 담아야 한다. 준비자산은 발행 규모 이상을 보유하고, 발행자의 자산과 분리하여 신탁 등을 통하여 보관하여야 하며, 안전한 자산에만 투자할 수 있다. 전자화폐형은 EU법에 따라 전자화폐기관 등으로 인가를 받은 금융기관만 발행할 수 있고, 암호자산 발행 시 별도로 유럽중앙은행(ECB)의 인가를 받아야 한다. 발행자는 발행자 정보, 프로젝트 내용과 기술, 위험 요소, 상환 요건과 절차 등을 담은 백서를 공개하여야 한다. 또한 발행자 등은 암호자산 보유자가 상환 요구 시 응하여야 하며, 유치받은 자금은 법정 화폐 등 안전한 자산에 투자하도록 엄격히 규제하고 있다. 이에 더하여 자산준거형과 전자화폐형 암호자산은 고객이 1,000만 명 이상이거나 시가 총액이 50억 유로 이상인 경우 중요 암호자산으로 분류하여 최저 자본금을 350,000억 유로에서 1.5배 상향하고, 강화된 유동성 리스크 감독을 받는다. 반면 유틸리티형 등 기타 암호자산은 발행자 정보, 재무정보, 프로젝트 내용, 공개를 통하여 조달한 자산의 사용계획 등이 담긴 백서를 공개하면 발행할 수 있다. 더 나아가 회원국 당 150명 이하에게 발행하거나 연간 총액이

100만 유로 이하인 경우, 무상 제공 등의 경우에는 발행에 대한 규제를 면제하고 있다.

MiCA는 발행 규제 외에도 암호자산의 상장, 거래 등 유통을 담당하는 암호자산 서비스 제공자(Crypto asset Sevice Provider: CASP)를 규율하고 있다. 암호자산 서비스 제공자는 암호자산 위탁보관(커스터디), 거래 플랫폼 운영, 법정 화폐 및 다른 암호자산과 교환, 주문 접수 및 실행, 자문 등의 서비스를 제공한다. 유럽 내 법인만 가능하며, 유럽증권시장감독청(ESMA)과 회원국 관계 당국의 인가를 받아야 한다. 암호자산 서비스 제공자는 공정한 고객 대우, 암호자산에 대한 정보와 리스크 등 공지, 최소 자본금 등 건전성 규제 등을 수행하여야 하며, 고객 확인정책 등 자금 세탁 방지를 위한 내부통제 체계 마련, 정보통신기술(ICT) 시스템의 보안 대책 시행 등 의무를 진다. 암호자산 서비스 사업자는 고객의 암호자산 소유권 보호를 위한 조치와 도산 시 고객자산 대책을 마련하여야 하며, 고객 자금은 중앙은행 또는 신용기관에 자기 자금과 분리하여 보관하여야 한다. 또한 고객과 이해 상충을 방지하기 위한 조치를 마련하고 공개하여야 한다. 특히 암호자산 거래 플랫폼을 운영하는 서비스 제공자는 암호자산의 거래 지원(상장)을 하기 전에 암호자산을 심사하여야 하며, 거래 지원 요건, 수수료, 거래 중지 요건 등을 포함한 운영 규정을 만들어 공개하고 시행하여야 한다.

MiCA는 암호자산 거래 과정에서 발생하는 내부자 거래, 시세 조종 등 불공정 거래행위를 방지하기 위한 규정도 마련하였다. 발행자 등은 자신의 정당한 이익을 해치지 않는 경우 적시에 내부정보를 공개하여야 하며, 누구든지 공개되지 않은 내부정보를 이용하여 암호자산을 취득 또는 처분하거나 다른 사람에게 이를 유도하여서 안 된다. 시세 조종 금지를 위한 사항도 구체적으로 나열하고 있다. 암호자산의 수요와 공급, 가격에 대한 허위 또는 오해의 소지가 있는 정보를 제공하는 행위, 암호자산 가격을 비정상적인 수준으로 설정하는 행위, 사기나 기만적인 방법으로 암호자산 가격에 영향을 미치는 행위, 인터넷 등 미디어를 통하여 거짓이나 오해의 소지가 있는 정보를 유포하거나 견해를 밝히는 행위, 직간접적으로 암호자산의 가격을 고정시키는 데 영향을 주는 행위, 암호자산 거래 플랫폼의 정상적인 기능을 방해하거나 추세를 형성시키는 주문을 입력하여 가격에 영향을 주는 행위 등을 금지하고 있다.

MiCA는 디지털자산의 발행과 유통에 대하여 전반적으로 규율하는 세계 최초의 단일법이라는 의미가 있다. 동법은 디지털자산의 부작용을 규율하기 위하여 규제 도입은 최소화하면서도 혁신의 가능성을 저해하지 않으려고 노력한 것이 법 전문과 구체적 규정에서 나타난다. 금융통화정책에 미치는 영향이 큰 전자화폐형과 자산준거형 등 스테이블코인의 발행 규제와 이용자 보호를 위한 규제를 도입하되 다양한 형태의 혁신적 서비스가 출현할 가능성이 높은 유틸리티형의 발행에 대해서는 대폭 완화된 규제를 하고 있다. 이에 따라 발행자, 사업자의 행위를 일정 부분 제한하게 되지만 규제를 명확히 하고 이용자 보호 등을 통하여 시장의 신뢰성을 제고함으로써 디지털자산 시장의 건전한 발전을 유도할 수 있다. 유럽의 암호자산 연구기관인 디지털유로연합(DEA)은 암호자산의 광범위한 정의와 스테이블코인에 대한 구체적 접근으로 규제 우회를 차단해 시장 신뢰를 높이고 규제 준수를 통하여 시장 확대를 바라는 글로벌사업자에게 새로운 기회로 작용한다고 평가하였다. 그러나 스테이블코인에 대한 복잡한 규제와 높은 자본금 요구는 소규모 발행자에 부담으로 작용하고, EU 스테이블코인의 국제 경쟁력을 높이기 위한 의도이기는 하나 다른 나라 시장과 규제 차이로 인하여 글로벌 확장성에는 제한이 있을 수 있다고 보았다.[57]

3) 일본[58]

일본은 2009년 비트코인이 등장한 이후 그다음 해인 2010년 세계 최초의 암호자산 거래소 마운트 곡스(Mt. Gox)를 설립하는 등 암호자산에 대하여 적극적이었다. 그러나 2014년 마운트 곡스가 해킹으로 인하여 85만 개의 비트코인(4억 7,300만 달러 상당)을 분실당한 후 파산하고, 국제자금세탁방지기구(FATF)가 자금 세탁 방지를 위한 규제를 권고함에 따라 암호자산에 대한 규제를 도입하기 시작하였다. 일본은 암호자산에 대한 단일법 체계를 마련하지 않고 「자금결제법」이나 「금융상품거래법」 등 기존 법률에서 수용하는 형태로 세 차례에 걸쳐 규제를 도입하였다. 먼저 2016년 「자금결제법(Payment Service Act: PSA)」을 개정하여 암호자산을 지급 결제 수단의 하나로 인정하여 가상통화(virtual currency)라고 규정하고 가상통화 교환업자에 대한 규제 근거를 마련하였다. 일본이 암호자

---

57 Ledger Insight(2024). Report highlights pros & cons of stablecoin MiCA regulation.
58 일본은 디지털자산을 암호자산으로 규정하고 있다.

산을 지급 결제 수단으로 적극적으로 받아들인 데는 비현금 결제 비율이 다른 나라에 비하여 현저히 낮아 이를 높이기 위한 수단으로 암호자산을 활용하기 위한 것도 중요한 요인으로 판단된다. 2019년 비현금 결제 비율은 일본이 18%, 유럽 등이 30~50%, 우리나라는 80% 수준이었다.[59] 또한, 「범죄수익이전방지법」도 개정하여 AML, KYC 등 자금 세탁 방지 규율을 암호자산에도 적용하도록 하였다.

2016년 법 개정 이후에도 암호자산 시장과 이를 둘러싼 환경은 많은 변화를 보였다. 2018년 암호자산거래소인 코인체크에서 해킹으로 5억 3,400만 달러 상당의 대규모 암호자산 유출사고가 또다시 발생하였으며, 암호자산이 투자 목적의 거래 비중이 커지면서 ICO 확산과 증권형 디지털자산의 발행, 파생상품의 등장 등으로 자본시장의 양상과 닮아가고 불공정 거래행위가 빈발함에 따라 규제를 강화하여야 한다는 요구가 커졌다. 이즈음 국제자금세탁방지기구(FATF) 등 국제기구에서 가상통화에서 가상자산으로 용어 정의를 변경하였다. 이에 따라 2019년 「자금결제법」을 다시 개정하여 암호자산(crypto assets)으로 용어를 변경하고, 규제 대상인 암호자산 교환업자의 범위를 확대하였다. 이와 병행하여 「금융상품거래법(Financial Instruments and Exchange Acts: FIEA)」을 개정하여 증권형 암호자산의 도입 근거를 만들어 새로운 시장 변화에 대응하는 한편, 암호자산을 금융상품으로 수용하고 시세 조종 등 불공정 행위를 방지하는 규제를 도입하였다.

일본은 이후 암호자산 시장의 발전으로 스테이블코인의 중요성이 커

---

[59] 임병화(2020). 일본 암호자산 법제도와 그 시사점에 관한 연구, 「금융감독연구」, 7(2).

짐에 따라 2022년에는 「자금결제법」을 재개정하여 스테이블코인의 발행, 유통 근거를 마련하여 2023년 6월부터 시행하고 있다. 일본의 암호자산 조항은 암호자산을 물품 구입 등 대가로 지급할 수 있는 수단으로 보면서도 법정 통화 표시 자산은 제외하여 화폐로서의 성격은 인정하지 않았다. 이러한 제한 규정으로 인하여 1:1 법정 화폐와 교환되는 스테이블코인이 포함되는지의 여부가 모호하였다. 일본은 이를 2022년 「자금결제법」 개정을 통하여 기존의 암호자산과 다른 스테이블코인 규정을 추가하여 입법적으로 보완하였다. 이와 같이 일본의 암호자산 관련 규정과 규정 간의 관계는 상당히 복잡하다. 이에 따라 암호자산과 증권형 암호자산, 스테이블코인 등이 「지급결제법」, 「금융상품거래법」에 어떻게 규정되어 있는지 구체적으로 알아본다.

「자금결제법」은 암호자산을 1호와 2호로 나누어 규정하고 있다. 1호 암호자산은 물품 구입 등 대가로 특정인에게 대금 지불과 매매가 가능하고 전자정보 처리 조직을 이용하여 이전이 가능한 재산적 가치로서 법정통화 및 통화 표시 자산이 아닌 것으로 정의하였다. 2호 암호자산은 1호 암호자산과 상호 교환이 가능한 것이다. 암호자산 거래에서 중요한 역할을 하는 암호자산 교환업자의 자격 요건과 규제 사항들을 규정하고 있다. 일본에서도 암호자산에 증권형 암호자산은 포함되지 않는다. 2019년 개정으로 증권형 암호자산의 적용을 배제하는 규정을 마련하였다. 동법에 따르면, 암호자산 교환업자는 암호자산의 매매·교환, 중개, 이용자의 금전과 암호자산 관리, 지갑 서비스 등을 제공하며 금융청에 등록하여야 한다. 암호자산 관리와 지갑 서비스는 2019년 개정에서 추가되었다. 암호자산 교환업자는 이용자에게 암호자산이 법정 통화가 아닌 점, 손실 발생 우려가 크다는 점을 설명하여야 하며, 이용자의 암호자산과 예치금은 자신의 자산과 구별하여 관리하여야 한다. 업무 수행과 관련하여 정보의 누설 등을 방지하기 위한 조치를 하여야 하며, 암호자산 거래와 관련하여 허위나 오인할 수 있는 광고 금지, 불공정 거래 위반의 우려가 있음에도 거래를 해서는 아니 된다고 규정하여 암호자산 거래의 불공정행위를 암호자산 교환업자를 통하여 규율하고 있다. 사업자들로 구성된 일본암호자산교환협회(JVCEA)를 법정단체로 하여 암호자산의 상장 심사, 관련 규정 준수, 회원 지도 등 자율 규제를 하도록 하고 있다.

「금융상품거래법」은 증권형 암호자산의 발행과 유통에 관련하여 규정하고 있다. 증권형 암호자산을 미국의 하위(Howey) 기준에 따른 투자계약과 유사한 전자기록 이전 권리로 표현하고, 주식·채권 등과 같은 제1종 유가증권으로 포함하고 있다. 이에 따라 증권형 암호자산의 발행업자는 등록을 하여야 하며, 유가증권 발행 기준을 따라야 한다. 증권신고서, 투자설명서 등을 작성하여 공개하고 증권보고서도 주기별로 제출하여야 한다. 증권형 암호자산을 매매 등 거래를 하려면 동법에 따라 제1종 금융상품거래업으로 등록하여야 한다. 「자금결제법」상의 암호자산 교환업자도 동법에 따른 별도의 등록이 필요하다. 또한 금융상품에 암호자산을 포함하고 암호자산을 이용한 스왑, 옵션, 마진 등 파생상품도 규제 대상에 포함하였다. 암호자산 파생상품 거래 시 허위 고지 금지, 설명 의무, 증거금 규제, 분리 보관, 자본금 규제 등 행위 규제를 받게 된다. 「금융상품거래법」은 암호자산의 현물 거래와 암호자산 파생상품 거래 시 발생할 수 있는 불공정 거래 방지 조항을 별도로 두고 있다. 내부자 거래는 블록체인 특성상 내부자의 범위, 확인 등이 어려운 점등을 고려하여 적용을 제외하였으나, 누구든지 시세 조종 행위, 허위정보 등을 이용한 부정행위 등을 하지 못하도록 금지하고 있다.

스테이블코인에 관한 조항은 2022년 「자금결제법」 개정으로 추가되었다. 전자결제 수단(Electronic Payment Instrument: EPI)이라는 용어를 신설하여 법정 화폐로 상환되는 법정 화폐 담보형 스테이블코인을 수용하였다. 1호 전자 결제 수단은 물품 구입 등 대가로 불특정인에게 사용할 수 있고 불특정인을 대상으로 구입, 매각할 수 있는 재산적 가치로서 전자적 방법으로 기록된 통화 표시 자산에 한한다고 규정하고 있다. 암호자산의 정의와 유사하나 통화 표시 자산인 점에서 차이가 난다. 2호는 1호와 교환 가능한 것으로 규정하고, 3호는 특정 신탁수익권을 통하여 전자결제 수단으로 인정된다고 하였다. 테라-루나처럼 알고리즘형은 전자결제 수단에 해당되지 않는다고 보았다. 즉, 스테이블코인으로 보지 않고 있고 일반적인 암호자산에 해당하거나 증권성을 가질 경우 「금융상품거래법」의 적용을 받게 된다. 전자결제 수단의 발행은 환거래에 해당하여 별도로 등록이 필요하며, 발행자는 은행 또는 자금이동업자, 일정 요건을 갖춘 신탁회사가 할 수 있다. 발행자는 담보자산인 법정 화폐를 100% 신탁은행 등에 보관하여야 한다. 이 법은 전자결제 수단의 이용을 중개하는 전자결제 수단 거래업자(Electronic Payment Instrument Exchange Service Provider: EPIESP)를 별도로 신설하였다. 전자결제 수단 거래업은 전자결제 수단의 매매, 교환, 중개, 알선 대행, 수탁관리 등을 하며 등록이 필요하다. 기존 암호자산 교환업자도 스테이블코인을 거래하려면 별도의 등록을 하여야 한다. 거래업자에게는 명의 대여 금지, 이용자 재산관리 및 보호 조치, 정보안전관리 등 행위 규제가 부여되었다. 은행이 거래업과 같은 영업을 할 경우는 전자결제 수단 취급 업무로 보아 규율하고 있다.

일본의 암호자산 규제는 단일법 제정 방식이 아니라 기존 법률을 개정하는 방식으로 진행되어 암호자산 시장의 변화를 발빠르게 수용함으로써 규제를 신속히 정비하여 왔다. 지급 결제 수단으로 능동적으로 받아들이고 증권형 암호자산과 스테이블코인 도입을 위한 제도적 기반도 마련하였다. 그러나 암호자산 상장, 증권형 암호자산의 발행 요건 등 구체적인 규제에서 엄격히 운영됨에 따라 실제 시장의 활성화는 부족하였다. 2024년 4월 미국의 바이낸스와 코인베이스는 200~300여 개가 상장되어 있는 반면, 일본 내 가장 많은 암호자산을 거래하는 바이낸스 재팬(Binance Japan)에 상장된 암호자산은 54개에 불과하다. 규제도 여러 법에서 분산되어 있고 복잡하게 얽혀 있어 일반인들의 체계적인 이해가 어려운 측면이 있다. 그리고 아직 DeFi, DAO 등 새로운 규제 수요에 대해서는 연구 수준에 머무르고 있다. 이러한 상황을 타개하기 위하여 일본은 최근 의회, 정치권 등을 중심으로 Web3 육성과 함께 암호자산 시장의 건전한 발전을 위한 규제 개선 사항을 활발히 논의하고 있다.

4) 여타 국가: 싱가포르, 중국

싱가포르는 2014년부터 비트코인 등을 지급 수단으로 인정하고 디지털토큰(digital token)[60]에 대하여 우호적이었으나, 디지털토큰 시장이 확산되면서 관련 문제들이 나타남에 따라 2017년부터 규제를 도입하기 시작하였다. 싱가포르에서는 디지털토큰을 유틸리티토큰, 결제토큰, 증권토큰으로 분류한다.

우선 증권토큰에 대한 규제가 도입되었다. 2017년 싱가포르 통화청(Monetary Authority of Singapore: MAS)은 증권토큰을 금융상품으로 보아 「증권선물법(Securities and Futures Act: SFA)」의 적용을 받도록 하였다. 증권토큰 발행자는 SFA의 허가(license)를 받아야 하며 투자설명서와 제출하고 등록하여야 한다. 거래소도 싱가포르 통화청의 승인이 필요하며 자금 세탁 방지 등 규제를 받는다. 디지털토큰이 결제 수단으로 이용이 증가하자 2019년 「지급결제서비스법(Payment Service Act: PSA)」을 제정하여 이에 대한 규제를 정비하였다. 디지털토큰은 이 법에서 정한 지급 결제 수단 중 성격에 따라 전자화폐(E-money)나 디지털 결제토큰(Digital Payment Token: DPT)에 해당된다. 법정 화폐와 연계되는 디지털토큰은 전자화폐로 분류되며, 그렇지 않은 경우 디지털 결제토큰이 된다. 따라서 디지털토큰의 대부분은 디지털 결제토큰에 해당한다. DPT 서비스 제공자는 허가를 받아야 하며, 거래량이 일정 규모(S$3million/월)를 초과하는 경우에는 주요 결제 기관으로 더 높은 기준의 허가를 획득하여야 한

60 　싱가포르는 디지털자산을 디지털토큰이라는 용어로 사용한다.

다. DPT 서비스 제공자 등은 자금 세탁 방지 등 의무를 수행하여야 하며, 이 규제는 2021년 「지급 결제 서비스법(PSA)」 개정으로 더 강화되었다. 2022년 테라-루나 사태 등으로 디지털토큰의 불안정성이 확대됨에 따라 역외사업자의 별도 허가제 도입, 소액 투자자 접근 제한 등의 규제를 강화해 나가고 있다. 2023년에는 스테이블코인 규제 프레임워크를 공개하였다. 싱가포르 통화청은 스테이블코인을 법정 화폐에 연계된 디지털 결제토큰으로 규정하고 허가, 액면가 환매 보장, 자본금 요건, 공시 의무 등을 지켜야 한다고 하였다. 싱가포르는 디지털토큰에 대한 투명하고 완화된 규제로 2021년에는 15억 달러의 자금이 유입되었다. 이는 아시아 태평양 지역에서 절반이 넘는 규모였다. 최근 규제 강화와 시장 위축으로 2022년부터 자금 유입이 급격히 감소하고 있으나, 시장의 발전 상황에 맞추어 부작용은 규율하면서도 새로운 기술과 서비스가 실현될 수 있는 제도적 기반을 제때에 마련해 옴에 따라 디지털자산 투자가 활발히 일어나는 국가로 인식되고 있다.

중국은 2017년 비트코인 전 세계 채굴량의 80%, 거래량의 95%를 차지하는 등 과열 양상을 보이자 2017년 9월 디지털자산 발행과 거래를 전면 금지하는 규제를 추진하였다. 거래소를 폐쇄하고 위안화 거래를 중단시켰으며 2018년에는 채굴도 금지하였다. 이에 따라 사업자들은 해외로 이전하였고, 이용자들은 규제를 우회하여 해외 거래소에 직접 접속하여 거래하고 있다. 바이낸스에 따르면, 2023년 중국인들이 한 달에 900억 달러의 디지털자산을 바이낸스에서 거래한 것으로 나타났다. 중국은 디지털자산에 대하여 강력한 규제로 대응하고 있지만 블록체인 기술과 디지털자산 시장의 발전가능성에 대하여 완전히 부정적으로 대응하는 것은 아니다. 글로벌 스테이블코인의 위협과 달러 중심의 국제통화 기조를 변경하기 위하여 위안화의 디지털자산화하는 CBDC를 적극적으로 추진하고 있고, 홍콩을 통하여 비트코인 현물 ETF, 이더리움 현물 ETF를 선도적으로 발행을 허용하는 등 자국의 이익에 부합하는 정책들을 추진하고 있다.

06

우리나라의 대응

1) 가상자산[61] 규제

(1) 대응 과정

우리나라의 가상자산에 대한 규제는 자금 세탁 방지를 위한 국제적 권고, 가상자산 투기 과열과 이를 이용한 범죄행위를 막기 위한 대책을 마련하면서 시작되었다. 2017년 5월 이후 비트코인의 거래량과 가격 변동성이 과도해지고 마약 거래, 자금 세탁, 유사 수신, 다단계와 같은 불법, 사기범죄에 가상자산이 활용되는 사례가 증가함에 정부는 대책 마련에 들어갔다. 2017년 9월, 금융위는 ICO 금지, 불법행위 합동 단속, 관련 규율 체계 정비 등을 내용으로 하는 '가상통화 대응 방향'을 발표하였다. 이러한 대응에도 가상자산의 가격이 급등하고 김치 프리미엄이 50%

---

61 우리나라는 디지털자산을 가상자산으로 표기하고 있다.

06 우리나라의 대응

까지 확대되는 등 가상자산에 대한 논란이 확산되자 2017년 12월 국무조정실을 중심으로 금융위, 법무부, 과학기술정보통신부 등 관계 부처 합동으로 범정부 긴급 대책을 마련하였다. 그 주요 내용으로는 범정부적인 불법행위 단속과 함께 「특정금융거래정보의 보고 및 이용에 관한 법률(특정금융거래정보법)」을 개정하여 가상자산에 대한 규제를 도입하는 것이었다. 이 법은 원래 국가 간 영역을 넘는 불법자금의 세탁행위(money laundering)가 증가함에 따라 이를 방지하고 확대재생산을 막기 위하여 은행 등 금융기관을 규율하는 법이다. 가상자산에 대한 최초의 규제 근거가 「특정금융거래정보법」에 들어간 것은 가상자산을 새로운 기술과 산업으로서 진흥의 대상이기보다는 불법자금 세탁의 수단, 과도한 투기 등 부작용을 일으키는 현상으로 규제의 대상이라는 정부의 인식이 반영된 것으로 판단된다. 다만, 정부는 가상자산에 대한 과도한 규제가 자칫 가상자산이 활용하고 있는 블록체인 기술과 산업의 발전을 저해해서는 안 된다는 정책적 고심의 결과 가상자산과 별도로 블록체인 산업은 진흥하겠다는 내용을 범정부 긴급대책에 반영하였다. 「특정금융거래정보법」은 2020년 3월 개정을 통하여 가상자산의 정의, 가상자산사업자의 종류, 신고 등 진입 규제, 자금 세탁 방지 의무 등을 담았으며, 특례로서 이용자 보호 조치 규정도 들어갔다. 이 법은 2021년 3월부터 시행하되 가상자산사업자 신고 등의 규정은 이행 준비 등을 고려하여 6개월 유예하여 2021년 9월부터 시행하도록 하였다.

    2021년 초 가상자산 시장은 코로나를 거치면서 형성된 저금리 기조와 시장의 풍부한 유동성으로 인하여 또다시 과열 양상을 빚게 되었다.

2021년 4월 가상자산 신규 거래자가 200만 명이나 유입되어 2020년 3월 21만 명에 비하여 일 년 만에 10배가량 늘었으며 비트코인 가격도 8,075만 원으로 급등하고 김치 프리미엄도 20%까지 확대되었다. 이에 따라 사기, 불법 다단계, 유사 수신 등 불법행위가 확산될 우려가 점증되었고, 더 큰 문제는 2021년 9월로 예정된 가상자산 사업자 신고 기한이 도래함에 따라 신고 요건을 갖추지 못한 가상자산 사업자가 폐업 과정에서 예치금을 횡령하거나 해킹 등을 가장하여 의도적으로 파산하는 경우 피해자를 양산할 것이라는 우려가 커졌다. 2021년 5월 정부는 또다시 국무조정실을 중심으로 관계부처회의를 개최하여 '가상자산 거래 관리 방안'을 마련하였다. 가상자산 불법행위 특별단속을 추진하는 것과 병행하여 금융위를 가상자산 사업자 관리 주무부처로 정하여 9월 24일로 예정된 신고가 차질 없이 진행될 수 있도록 신고 유도, 컨설팅 등 관리를 강화하였다. 이와 함께 가상자산 사업자가 자체 발행한 가상자산의 매매 등을 중개·알선하거나(자전거래) 가상자산 사업자(임직원 포함)가 거래하는 행위(시세 조작)를 금지하는 규정을 시행령 개정을 통하여 추가하는 등 불공정 거래 관련 규제를 강화하였다.[62] 그러나 「특정금융정보거래법」은 그 목적이 불법자금의 세탁 방지를 위한 것으로 가상자산 규제에서 필요한 이용자 보호 등의 내용을 담기에는 한계가 있었다. 특례조치로 규정된 예치금 분리, 특수관계인 등이 발행한 가상자산의 유통 제한, 소속 임직원의 거래 제한 조치 등의 규정은 자금 세탁 방지와 연계가 크지 않아 법

---

62 가상자산 거래관리 방안에 포함되었으며 「특정금융거래법 시행령」 개정을 통하여 2021년 10월부터 시행되었다.

06 우리나라의 대응

체계의 정합성에 대하여도 지적되어 왔다.

　2022년 이후 가상자산 시장은 코로나 이후 전 세계적인 고금리 기조, 유동성 축소, 가상자산 시장의 불안정성 확대 등으로 크립토 윈터(crypto winter: 가상자산 겨울) 시기에 접어들었다. 2022년 5월 알고리즘 기반의 스테이블코인을 지향하였던 테라-루나 사태로 루나 가격이 일주일도 안 되어 가치가 거의 0인 쓸모없는 데이터로 전락하자 가상자산 이용자들은 당혹감을 감출 수 없었다. 여기에 더하여 2022년 7월 세계 최대 가상자산 거래소인 바이낸스(Binace)가 「자금세탁방지법」 위반으로 미 법무부에 의하여 기소되고, 2022년 11월에는 세계 3위 가상자산거래소인 FTX가 고객자산 유용 등 의혹으로 미 법무부의 조사가 시작되자 대량 인출이 일어나 급기야 FTX가 파산 신청을 하게 되었다. 이로 인하여 가상자산 시장은 안정성에 대한 불안 심리가 급격히 확산되며 2022년 12월 비트코인 가격이 2,085만 원으로 급락하였고, 가상자산 이용자 보호와 제도 개선을 위한 요구가 다시 쟁점이 되었다. 유럽연합(EU)은 세계 최초로 가상자산법인 MiCA의 제정을 추진하는 등 세계적으로 가상자산 규제의 도입 움직임이 가시화되면서 우리나라에서도 21대 국회(2020.5~2024.4)에 들어 가상자산 이용자 보호와 불공정 거래 규제를 넘어 관련 산업의 진흥을 포함하는 「가상자산업권법」을 제정하려는 시도가 이어져 왔다. 그간 19개 법안이 발의되었으나 제정 범위에 대한 정부와 국회 간 이견으로 논의가 지지부진하였다. 정부는 「가상자산업권법」은 아직 시기상조라고 부정적인 반면 일부 여야 국회의원들은 업권법 제정에 우호적이었다. 이러한 과정에서 2022년 5월에 출범한 윤석열 정부에서 디지털자산 인프라와 규율 체계 구축을 국정과제로 선정하면서 논의에 진전을 이루게 되었다. 2023년 4월 정무위에서 우선 1단계로 가상자산 이용자 보호를 위한 최소한의 규제를 먼저 도입하고 향후 가상자산에 대한 국제 기준이 가시화되는 대로 보완한다는 단계적 입법 추진 원칙에 합의하였다. 이에 따라 국회는 2023년 6월 국회 계류 중이던 법안들에 대한 통합 대안으로 가상자산 이용자 보호와 불공정 거래행위 규제를 중심으로「가상자산 이용자 보호 등에 관한 법률(가상자산이용자보호법)」을 마련하여 통과시켰다. 이와 함께 2단계 입법을 위하여 금융위로 하여금 스테이블코인 규율 등 가상자산 발행, 시장 구조 개선 등에 대하여 검토하여 국회에 보고하도록 부대 의견도 명시하였다.[63]

「가상자산이용자보호법」은「특정금융정보거래법」의 가상자산과 가상자산 사업자 정의를 거의 그대로 가져오고 이용자 보호와 불공정 거래 규제를 보완하였다. 그러나 가상자산 사업자 신고 규정은 그대로「특정금융정보거래법」에 존치하였다. 이는「가상자산이용자보호법」이 우선 1단계로 가상자산에 대한 이용자 보호와 불공정 거래 방지를 위한 최소한의 내용만 규정한 점, 가상자산에 대한 자금 세탁 방지의 중요성이 크다는 점 등이 고려되었다. 아직「가상자산업권법」형태의 2단계 입법이 마련되지 않은 과도기적인 조치이다. 따라서 두 법 간에 중복되는 부분도 많아 여기에서는 각 규제 이슈별로 두 법을 함께 살펴본다.

---

[63] 국회 정무위는 금융위가 증권형 토큰, 스테이블토큰 등에 대한 규율 체계를 마련, 통합 시세 및 통합공시 등을 구축 운영할 수 있는 방안, 사고 발생 시「전자금융거래법」과 유사하게 입증 책임의 전환 규정 마련 등 대책을 법 시행 전까지 국회 보고할 것 등을 부대 의견으로 하였다.

(2) 가상자산의 법적 성격

우리나라는 디지털자산에 대하여 처음에는 가상통화(virtual assets)라고 불렸으나, FATF 권고, 국제 동향 등을 반영하여 가상자산(virtual assets)이라는 용어를 사용하고 있다. 가상자산의 정의와 범위는 「특정금융정보거래법」에서 처음 규정되었으며, 「가상자산이용자보호법」이 제정되면서 정의 규정이 이 법으로 이관되고 일부 보완되었다. 「가상자산이용자보호법」 제2조 제1호에서는 가상자산을 "경제적 가치를 지닌 것으로서 전자적으로 거래 또는 이전될 수 있는 전자적 증표(그에 관한 일체의 권리를 포함한다)"라고 정의하였다. 경제적 가치란 자산[64]에 내포되는 것으로서 미래의 경제적 효익을 창출할 수 있는 것으로 기대되어 화폐나 다른 재화와 용역으로 교환될 수 있는 것을 의미한다. 또한 가상자산은 화폐, 재화, 용역 등으로 교환될 수 있는 전자적 증표이고 무형의 자산으로는 보되, 그 자체를 화폐로 보는 것을 배제하였다.[65] 또한 가상자산은 경제적 자산이기는 하지만 미래의 경제적 이익을 위하여 돈을 주고 사거나 거래하는 행위를 투자로까지 인정하고 있지 않다. 「가상자산이용자보호법」은 가상자산을 매매, 교환, 이전 또는 보관 관리하는 자를 투자자라고 하지 않고 이용자라고 규정하고 있다. 이에 따라 법 명칭도 가상자산투자자보호법이 아니라 「가상자산이용자보호법」이 되었다.

---

64   기업회계 기준에서는 자산을 과거의 거래나 사건의 결과로서 현재 기업 실체에 의하여 지배되고 미래에 경제적 효익을 창출할 수 있는 것으로 정의하고 있다.

65   김재진·최인석(2022), 「가상자산 법제의 이해」.

「가상자산이용자보호법」은 가상자산에 대하여 광범위하게 정의하면서도 이에 해당하지 않는 대상을 제외하도록 하였다. 화폐, 재화, 용역 등으로 교환할 수 없는 전자적 증표, 즉 경제적 가치가 없는 것과 발행인이 사용처와 그 용도를 제한한 것은 제외하였다(가목). 이에 따라 개별 업체의 할인 쿠폰이나 상품권 등은 가상자산으로 인정되지 않는다. 게임을 통하여 얻은 점수, 경품, 게임머니, 게임아이템 등 게임물의 이용을 통하여 획득한 결과물은 가상자산으로 볼 수 없다(나목). 실제 게임 이용자들이 게임아이템을 사고파는 경우가 있어 경제적 가치가 있는 것으로 생각할 수 있으나 이는 게임 목적과 용도를 넘어선 것이며 「게임산업법」 제32조는 게임물 머니 등을 환전하거나 환전의 알선업 등을 금지하고 있어 불법일 가능성이 높다. 「전자금융거래법」 제2조에 따른 선불전자 지급 수단과 전자화폐는 가상자산에서 제외된다(다목). 선불전자 지급 수단과 전자화폐는 법정 화폐와 연계되어 경제적 가치를 지니고 전자적으로 거래되나 가상자산이 아니며 「전자금융거래법」에 의한 전자 지급 거래 수단이다. 반면 이와 유사한 기능을 가진 스테이블코인은 「전자금융거래법」에서 전자 지급 수단으로 인정받은 것이 아니므로 「가상자산이용자보호법」의 규율을 받는다. 전자적으로 등록되고 거래되는 전자주식, 전자어음, 전자선하증권 등도 각 개별법의 적용을 받으며 「가상자산이용자보호법」의 적용을 받지 아니한다(라목~바목).

「가상자산이용자보호법」은 「특정금융정보거래법」에서 가상자산 포함 여부에 대한 논란이 있었던 대체 불가 토큰(Non Fungible Token: NFT), 디지털 법정 화폐(CBDC)에 대하여 입법적으로 해결하였다. NFT는 블록

06 우리나라의 대응

체인 기술을 활용한 디지털자산으로 경제적 가치를 지니고 고유 식별 코드가 있는 전자적 증표이다. 그러나 NFT는 유일무이하고 교환 가능하지 않은 것으로서 지급 결제 수단이나 결제 목적으로 사용하기보다는 수집품으로 주로 사용하는 특징이 있어 서로 호환되어 거래되는 가상자산의 일반적인 성격과 차이가 있다. 유럽연합(EU)의 「암호자산시장법(Markets in Crypto Assets: MiCA)」에서는 이러한 특징을 고려하여 NFT를 가상자산으로 분류하고 있지 않다.[66] 다만, NFT를 여러 부분으로 분할할 경우 대체불가능하다고 간주하여서는 안 된다고 규정하여 특정한 경우 가상자산으로 포괄될 수 있는 가능성을 열어 두었다. 국제자금세탁방지기구(FATF)도 NFT가 지급이나 투자 목적으로 사용될 경우는 가상자산의 정의에 해당할 수 있다고 보았다.[67] 「가상자산이용자보호법」은 시행령 제2조 제4호 등에서 NFT를 거래 당사자 간에 거래 확인, 수집 등을 위하여 단일하게 존재하여 다른 증표로 대체할 수 없는 것으로 정의하고 가상자산 규정의 적용을 배제하였다. 다만, 대량 시리즈 발행, 분할 가능하고 고유성이 약화된 경우에는 가상자산으로 볼 수 있다고 하였다. CBDC는 중앙은행이 발행하는 법정 화폐임과 동시에 블록체인 기술을 이용한 전자적 증표라는 성격도 가지고 있어 「특정금융정보거래법」상 가상자산 여부가 논란이 되었다. 「가상자산이용자보호법」은 "한국은행이 발행하는 전자적 형태의 화폐 및 그와 관련된 서비스(사목)"를 명시적으로 제외되는 것으로 규정하여 적용 범위를 명료화하였다.

---

66   MiCA 전문 8a.
67   FATF(2021). 24면, 53항.

우리나라는 가상자산이 무엇인지, 어떤 것이 제외되는지 등 법 적용 대상을 규정하고 있지만 유럽연합(EU)에서처럼 가상자산의 종류에 대해서는 규정하고 있지 않다. 그 이유는 가상자산의 종류를 정하는 것은 주로 발행 등에서 가상자산별로 규제를 달리하기 위함이 큰데 아직 「가상자산이용자보호법」은 가상자산의 발행 등을 전반적으로 다루는 것이 아니라 우선 필요한 이용자 보호를 위하여 건전한 가상자산의 거래, 가상자산 사업자 관리에 중점을 둔 1단계 법이기 때문으로 판단된다. 가상자산의 발행 형태에 따라 유틸리티형, 스테이블형 등 다양한 형태를 띠게 되는 가상자산이 모두 이 법의 규율 범위 안에 있다. 그러나 가상자산이 증권성을 띠는 경우에는 이 법의 적용에서 제외된다. 이 경우 미국, EU 등 외국에서는 증권 등 금융투자상품을 규율하는 법의 적용을 받도록 하고 있다. 반면, 우리나라는 증권의 형식을 지류, 전자등록주식으로 제한하고, 금융투자상품의 유형을 한정하고 있어 이를 규율하는 「자본시장법」을 적용하는 것은 어려웠다. 금융위는 2023년 2월 가이드라인 발표를 통하여 증권형 가상자산을 토큰증권(token security)으로 명명하고 발행과 유통이 가능하도록 법·제도를 정비하겠다고 하였다.

(3) 가상자산의 발행과 유통

우리나라에서 자금 조달을 통하여 가상자산을 발행하는 ICO는 정책적으로 금지되고 있다. 금융위원회는 2017년 9월 국내에서 ICO를 금지한다고 발표하였다. 법적 근거에 대하여 논란이 있었지만 헌법재판소

06 우리나라의 대응

는 국민에게 사실상 이를 따를 의무를 부과하는 권력적 사실행위로 판단하였다.[68] 이에 따라 가상자산 발행의 한 형태인 가상자산 사업자를 통한 IEO도 허용되지 않는다. 가상자산의 발행에 대하여 「가상자산이용자보호법」 제정 시 정보 비대칭 해소를 위한 백서와 중요 정보 공시의무화, 가상자산 사업자 범위에 포함 여부 등 논의가 이루어졌지만 우선 1단계로 시급한 이용자 보호와 불공정 행위 방지를 위하여 필요한 규정을 마련하기로 함에 따라 반영되지 못하였다. 그러나, 금융위원회는 2023년 2월 '토큰증권 발행·유통규율 체계 정비 방안'을 발표하고 증권형 가상자산에 대해서는 「자본사장법」 등에 따라 발행(STO)하도록 하였다. 이를 위하여 「자본시장법」, 「전자증권등록법」 개정을 추진하고 있다. 구체적인 내용은 후술한다.

가상자산의 거래와 이전 등 유통은 가상자산 사업자를 통하여 주로 이루어짐에 따라 유통에 대한 규제는 가상자산 사업자 규율과 불공정행위 방지를 중심으로 이루어져 있다. 「특정금융거래법」에서 일부 규정하였지만 「가상자산이용자보호법」에서 좀 더 강화하였다. 그 내용을 아래에서 차례로 알아본다. 그러나 가상자산 거래의 첫 단계인 상장에 대하여 법적으로 규율하고 있지 않다. 어떤 가상자산을 상장할지는 가상자산 거래 플랫폼을 운영하는 가상자산 사업자가 판단하도록 하는 자율 규제를 시행하고 있다. 가상자산 사업자들은 개별적으로 상장 기준을 만들어 적용하여 왔으나 디지털자산거래소 공동협의체(DAXA)가 설립된 후에는 DAXA가 마련한 공통 가이드라인을 모범으로 하여 디지털자산의 내재

---

68 헌법재판소 2022. 9. 29. 선고 2018헌마1169 전원재판부 결정.

적 위험성, 기술적 위험성, 법적 위험성 등을 상장 전에 심사하고 있다.

(4) 가상자산 사업자 규제

가상자산 사업자의 정의, 범위 등에 대하여 알려면 정의 규정이 「특정금융정보거래법」에서 「가상자산이용자보호법」으로 이관됨에 따라 「가상자산이용자보호법」의 규정을 보아야 한다. 「가상자산이용자보호법」은 가상자산 사업자를 "가상자산과 관련된 특정 행위를 영업으로 하는 자"로 규정하였다(법 제2조 제2항). 특정 행위에는 가상자산을 돈을 주고 사고 파는 행위, 즉 가상자산의 매도·매수, 가상자산을 다른 가상자산과 교환하는 행위, 가상자산을 매매·교환·보관·관리 등을 위하여 고객의 요청에 따라 이전하는 행위, 가상자산의 매매나 교환을 중개·알선·대행하는 행위가 포함된다(가목~라목). 가상자산 사업자는 이러한 행위를 일회성으로 하는 것이 아니라 영리를 목적으로 지속적으로 하여야 한다. 디지털자산의 대출, 파생상품 등 분산 금융(DeFi)에 필요한 디지털자산 운영에 관련된 행위는 규정하고 있지 않다.

가상자산 사업자는 수행하는 영업행위에 따라 가상자산 거래사업자, 가상자산 보관·관리사업자, 가상자산 지갑서비스사업자로 분류된다.[69] 가상자산 거래사업자는 가상자산 매매·교환 등을 중개·알선하기 위하여 플랫폼을 개설하고 운영하는 사업자를 말한다. 흔히 가상자산 시장에서

---

69 가상자산 사업자 분류는 법령에 정하고 있지 않지만 금융위가 가상자산 사업자 신고의 편의를 위하여 신고 매뉴얼에서 제시하였다(2021).

는 가상자산거래소라고 불리나 거래소라는 명칭은 증권을 거래하는 거래소와 혼동을 초래할 수 있어 금융 당국은 가상자산 거래 사업자라는 용어를 선호한다. 가상자산 거래 사업자는 다시 법정 화폐인 원화로 가상자산 매매를 지원하는 원화 마켓 사업자와 가상자산을 다른 가상자산으로 교환하는 것을 지원하는 코인 마켓 사업자로 구분된다. 가상자산 보관·관리사업자란 다른 사람을 위하여 가상자산을 보관·관리업을 하는 자이며, 가상자산 커스터디, 수탁사업 등으로도 불린다. 가상자산 지갑 서비스사업자는 가상자산의 월렛 서비스 등 보관·관리뿐 아니라 이전 서비스를 제공하는 사업자를 의미한다. 이렇게 분류되었어도 가상자산 거래업자가 플랫폼을 운영만 할 수 있는 것은 아니며, 이를 주된 영업으로 하되 이전행위, 보관·관리 업무 등도 병행할 수 있다.

가상자산 사업자는 「특정금융정보거래법」 제7조 제1항에서 정한 요건을 갖추어 금융위 산하의 금융정보분석원장에게 신고하여야 한다. 신고의 유효 기간은 3년이며, 기간이 만료되면 재신고하여야 된다. 가상자산사업의 진입 규제로 신고제를 운영하고 있는 것이다. 신고를 받은 금융정보분석원장은 요건에 맞지 않은 경우 신고 불수리할 수 있고 위법사항이 밝혀진 경우 영업 정지, 신고 직권 말소 등을 할 수 있다. 신고 요건으로는 정보보호 관리체계 인증(ISMS) 획득, 은행의 실명 계정 확보, 법인의 대표자 등이 범죄 경력이 없을 것, 신고 말소가 된 경우 5년이 경과할 것 등이다. 신고 요건별로 살펴본다. 우선 정보보호 관리체계 인증이란 정보통신망법에 따라 과학기술정보통신부 장관이 인증하는 것으로서 기업들이 구축 운영하고 있는 정보보호 관리체계가 정보자산의 안정성 확보에 적합한지 심사하여 인증하는 제도이다. 이 인증을 받으려면 가상자산 사업자는 정보보호 관리체계를 구축하고 최소 2개월 간 운영한 결과를 제출하여야 한다. 그러나 본격적인 영업을 시작하지 못한 가상자산 사업자가 신고 이전에 2개월 간의 운영 기간을 확보하기 어렵다. 이에 따라 신고를 하고자 하는 사업자는 정보보호 관리체계를 구축하여 과학기술정보통신부로부터 예비 인증을 받아 금융정보분석원에 제출하여 신고가 수리되면 2개월 간의 운영 후 본인증을 받아 금융 당국에 변경 신고를 하도록 하였다.

실명 계정의 경우는 신고하려는 가상자산 사업자가 금융회사 등으로부터 실명 계정을 발급받아야 한다. 「특정금융정보거래법」 시행령 제10조의 12는 실명 계정을 발급할 수 있는 금융기관을 인터넷은행, 시중은행, 외국은행 국내 지점 등 일반은행과 특수은행 중 중소기업은행, 농협은행, 수협은행으로 제한하고 있다. 이에 따라 가상자산 사업자 신고를 하려는 자로부터 실명 계정 발급을 요청받은 금융회사는 금융 당국이 신고 요건을 검토 전에 사업자에게 실명 계정 발급 기준[70]에 따라 이를 발급할 것인지를 검토하여야 한다. 이에 대하여 금융회사가 가상자산사업의 자금 세탁 위험성을 평가하고 사업의 허용 여부를 사실상 판단하도록 한 것이라는 지적이 있다.[71] 그러나 모든 가상자산 사업자가 실명 계정을 발

---

70 「특정금융정보거래법 시행령」 제10조의 18은 은행이 실명 계정을 발급하는 기준을 정하고 있다. 즉, 예치금을 고유재산과 구분하여 관리하고 있을 것, 정보보호 관리체계 인증을 획득하였을 것, 가상자산 사업자가 고객별로 거래 내역을 분리하여 보관하고 있을 것, 금융회사는 가상자산 사업자의 자금 세탁 행위 등의 위험을 식별, 분석평가한 후 계정을 발급할 것으로 규정하고 있다.

71 박세준(2021). 개정된 특정금융거래의 보고 및 이용 등에 관한 법률의 한계와 가상자산 사업업권법 제정에 관한 논의, 「일간법학」, 50.

급받을 필요는 없으며, 법정 화폐와 가상자산과의 교환, 즉 가상자산의 매매를 지원하는 원화 마켓 사업자에 한한다. 감독 규정 제27조 제1항은 가상자산과 법화 간의 교환이 이루어지지 않아 예치금 등이 없는 사업자의 경우는 실명 계정을 신고 요건으로 하지 않고 있다. 이 밖에도 가상자산 사업자가 「특정금융정보거래법」, 「범죄수익은닉규제법」, 「자본시장법」 등에 따른 벌금 이상의 형 집행이 끝나고 5년 이상 경과하지 않았거나 금융정보분석원장이 「특정금융정보법」 위반을 사유로 직권 말소한 경우 5년이 경과하지 않은 경우 신고를 불수리하도록 하고 있다.

그러나 모든 가상자산 사업자가 신고를 하여야 하는 것은 아니다. 단순히 매수·매도 제안을 게시할 수 있는 게시판 등만을 제공하거나 단순히 거래에 대한 조언이나 기술을 제공하는 경우는 신고하지 않아도 된다. DeFi의 경우 완전한 탈중앙화로 사업자 등 규제 대상을 특정할 수 없어 규제 대상이 되지 않는다. 그러나 운영 주체가 사실상 통제권을 보유하고 가상자산을 이용한 예치, 대출, 스테이킹 등 서비스를 제공하는 경우 운영 주체에 대하여 가상자산 사업자 규제가 적용될 수 있다. 개인암호키 등을 보관·저장하는 프로그램만 제공하고 있을 뿐이고 개인암호키에 대한 통제권이 없고 가상자산의 이전, 보관, 교환 등에 직접 관여하지 않는 경우는 신고하지 않고도 사업을 할 수 있다. 콜드 월렛 등 하드웨어 지갑 서비스를 제조하는 사업자도 마찬가지로 신고 대상에서 제외되었다.

가상자산 사업자는 신고와 같은 진입 규제 외에도 영업과 관련하여 다양한 규제를 받게 된다. 가상자산 사업자는 「특정금융거래정보법」과 「가상자산이용자보호법」에 따라 이용자의 예치금과 가상자산 보호를 위한 조치, 불공정 거래 규제, 자금 세탁 방지 조치 등을 하여야 한다. 개별 규제에 대하여 하나씩 살펴본다.

(5) 이용자 자산의 보호

이용자 보호를 위하여 가장 중요한 것은 이용자가 가상자산 사업자를 통하여 가상자산을 매매, 교환 등 거래를 하면서 예치한 금전과 가상자산에 대한 보호가 중요하다. 「특정금융정보거래법 시행령」 제10조의 20에서 가상자산 거래 내역 분리 관리, 이용자 예치금과 사업자의 고유재산 구분 등을 규정하였고, 「가상자산이용자보호법」을 제정하면서 관련 규정들을 대폭 보완하여 이용자 자산 보호를 두텁게 하였다.

「가상자산이용자보호법」은 가상자산 사업자가 이용자로부터 받은 예치금을 반드시 은행 등 공신력 있는 제3의 관리기관에 맡기도록 하였다. 은행 등 관리기관은 예치금을 자기 재산과 구분하고 이용자의 재산임을 명시하도록 하였으며, 자본시장의 투자자 예탁금과 동일하게 국채, 지방채, 정부나 지방자치단체가 지급 보증을 한 채권 등 안전한 자산에만 운용하도록 하였다. 예치금 운용으로 발생한 수익에 대해서는 가상자산 사업자가 예치금 이용료를 이용자에게 지급하도록 하였다. 예치금은 다른 사람이나 기관이 압류하거나 상계하지 못하도록 하고 가상자산 사업자가 예치금을 임의로 양도하거나 담보로 제공하는 것도 엄격히 제한하였다. 그뿐만 아니라 가상자산사업자의 신고가 말소되거나 파산 선고를 받은 경우 등 예치금을 지급하여야 할 사유가 발생하면 관리기관이 예치금

06 우리나라의 대응

을 이용자에게 우선 지급하도록 하였다.

가상자산의 보관은 제3의 관리기관에 예치하도록 한 금전과 달리 가상자산 사업자가 보관하도록 하였다. 법 제정 과정에서 가상자산도 금전과 같이 제3자에게 의무적으로 위탁하여 보관하도록 할 것인지 논의가 있었지만 사업자의 부담 등을 고려하여 가상자산 사업자가 판단하여 보안 기준을 충족하는 기관에 위탁할 수 있도록 하였다. 가상자산 사업자는 사업자 자신의 가상자산과 이용자의 가상자산을 분리하여 보관하여야 하며, 이용자로부터 받은 가상자산과 동일한 종류, 수량을 실질적으로 보유하여야 한다. 이에 따라 가상자산 사업자가 제3자에게 이용자의 가상자산을 위탁하여 예치·운영을 하는 영업 형태는 사실상 어려워졌다. 다만, 가상자산 사업자가 운영하는 스테이킹의 경우 이용자의 가상자산을 이전하지 않고 노드 권한만 외부 업체에 위임하여 운영하는 형태는 영향을 받지 않는다. 가상자산 사업자는 가상자산에 대하여 분리·보관 의무 외에도 해킹 등 인터넷 보안 위협에 대응하기 위하여 필요한 조치를 하여야 한다. 이용자의 가상자산 중 80% 이상을 콜드 월렛에 보관하여야 한다. 특정금융정보거래법령에서는 70% 이상을 콜드 월렛에 보관하도록 하였으나 이를 강화한 것이다.

가상자산 사업자는 해킹, 전산장애 등 사고에 대비하여 이용자의 가상자산에 대한 물리적 조치 외에 금전적 보상 등 책임을 이행하여야 한다. 「가상자산이용자보호법」은 가상자산 사업자에게 사고에 대비하여 보험이나 공제에 가입하거나 준비금을 적립하도록 하였다. 이에 따라 가상자산 사업자는 핫 월렛에 보관 중인 가상자산의 5% 이상을 보험에 가입하거나 준비금으로 적립하여야 한다. 규모가 적은 가상자산 사업자라 하더라도 원화 마켓 사업자는 최소한 30억 원, 코인 마켓 사업자 등 여타 사업자들은 5억 원 이상을 보상 한도로 하는 보험에 들거나 적립하여야 한다. 이와 더불어 가상자산 사업자는 가상자산 거래 내용을 추적하거나 내용에 오류가 발생한 경우에 대비하여 계약 기간의 만료, 계약 해지 또는 취소, 소멸 시효 완성 등으로 거래 관계가 종료한 때로부터 15년간 보존하여야 한다. 이는 「특정금융정보거래법」 제5조의4에서 정한 자금 세탁 방지 등을 위하여 금융기관 등이 지켜야 할 금융거래 정보의 보유 기간(5년)보다 길다.

(6) 불공정 거래의 규제

가상자산 시장의 불공정 거래에 대한 규제는 특정금융정보거래법령에서 일부 조항이 있었다. 「특정금융정보거래법 시행령」 제10조의 20 제5호 가에서 다목[72]은 가상자산 사업자가 자기(본인이나 특수관계인[73] 포함)가 발행한 가상자산의 매매·교환을 중개·알선하거나 대행하는 행위와 가상자산 사업자가 자신의 시스템을 통하여 직접 가상자산을 매매하거나 교환하는 행위를 금지하였고, 가상자산 사업자가 가상자산의 매매 등 중개·알선하면서 실제로는 자기의 가상자산을 거래하는 행위도 금지하

---

[72] 이 조항들은 2021년 5월 국무조정실에서 발표한 '가상자산 거래 관리방안'에 반영되어 그해 10월 5일 「특정금융정보거래법」 개정을 통하여 추가되었다.

[73] 특수관계인은 「상법 시행령」 제34조 제4항에서 규정하고 있으며 배우자, 6촌 이내의 혈족 등이며 법인인 경우 이사, 집행임원, 감사 등을 의미한다.

06 우리나라의 대응

였다. 이 조항들은 가상자산 사업자들이 자금 세탁 행위에 연루될 가능성을 막기 위하여 마련되었다고 하나 불공정 거래를 규제하는 측면이 강하다. 자금 세탁 방지와 관계가 크지 않는 불공정 거래 규정이 들어간 것은 이용자 보호를 위한 불공정 거래에 대한 규제가 필요하다는 현실적인 이유가 컸다. 「특정금융정보거래법」이 자금 세탁 방지를 위한 법이라는 법목적과 체계상 한계를 감안하여 이 법이 수용할 수 있는 정도로 규정한 것이다. 불공정 거래의 규제는 「가상자산이용자보호법」이 제정되면서 본격적으로 규정하게 되었으며, 대부분 「자본시장법」의 불공정 거래 규제 관련 규정을 차용하였다.

「가상자산이용자보호법」은 가상자산 사업자 등이 가상자산에 관한 미공개 중요 정보를 가상자산 거래에 이용하거나 타인에게 이용하게 하는 행위를 금지하였다(법 제10조 제1항). 미공개 중요 정보는 이용자의 거래 판단에 중요한 영향을 미칠 수 있는 정보로서 불특정 다수인이 알 수 있도록 공개[74]되기 전의 것을 말한다. 이는 가상자산 시장에서 정보 우위에 있는 행위자들이 이를 이용하여 시장의 공정성을 해치고 이용자들의 신뢰를 훼손하는 상황을 방지하기 위함이다. 「자본시장법」의 내부자 거래 조항과 유사하다. 미공개 중요 정보를 이용해서는 안 되는 규제 대상자는 「자본시장법」의 규정과 같이 가상자산 사업자, 발행자와 그 임직원, 대리인, 주요 주주 등(내부자)과 이들과 계약 체결자, 허가·감독 등의 권한을 보유한자 등(준내부자)이 포함되며, 내부자와 준내부자의 대리인, 사용

---

74   중요 정보 공개 여부 판단 기준(시행령)으로는 언론 등에 게재하거나 가상자산 사업자가 공개 시 6시간이 경과할 것, 발행인의 백서가 공개된 인터넷 홈페이지에 게재하는 경우 1일이 경과할 것 등이다.

인, 종업원, 정보 수령자 등이 광범위하게 적용된다. 그러나, 가상자산의 탈중앙화적 성격으로 인하여 자본시장과 달리 블록체인 내 정보를 용이하게 알 수 있는 채굴자, 합의 승인 노드 운영자 등과 같은 새로운 내부자를 규정하여야 한다는 의견이 제기되고 있다.[75] 미공개 중요 정보의 범위에 대해서는 자본시장과 차이점이 있다. 「자본시장법」은 미공개 중요 정보를 '발행회사'의 업무 등과 관련된 정보(기업정보)로 정하고 있음에 반하여 「가상자산이용자보호법」은 가상자산과 관련된 정보(상품정보)를 말하고 있다.[76] 즉, 「자본시장법」 제174조 제1항은 '상장법인 등의 업무와 관련된 정보'를 미공개 중요 정보로 규정하고 있지만 「가상자산이용자보호법」은 '가상자산에 관한 정보'로 좀 더 넓게 규정하고 있다. 이에 따라 가상자산 자체에 관한 정보뿐만 아니라 유명한 가상자산거래소에 가상자산이 상장된다는 정보, 대규모의 주문과 관련된 정보, 블록에 포함된 가상자산 거래 주문정보 등 가상자산의 거래에 관한 정보가 포함될 수 있다. 내부자 등은 미공개 중요 정보라는 점을 알고 이를 이용하여 금전적 이득을 취하기 위하여 거래하거나 다른 사람이 가상자산을 거래할 것으로 예상하고 이 정보를 알려 주거나 거래해서는 안 된다. 「가상자산이용자보호법」은 「자본시장법」의 예를 따르면서도 가상자산을 기초로 하는 파생상품의 매매 등 거래에 관한 정보는 미공개 중요 정보에 포함시키지 않고 있으며, 「자본시장법」의 단기매매차익 반환제도(법 제172조), 임원

---

75 원대성(2023). 가상자산 이용자 보호 등에 관한 법률에 따른 가상자산 불공정 거래의 규제와 과제, 「증권법연구」, 24(3): 74.

76 이정수(2023). 가상자산 이용자 보호 등에 관한 법률의 법적 의의와 쟁점 및 향후 입법 방향, 「증권법연구」, 24(2): 107.

06 우리나라의 대응

등 특정 증권 소유 보고(법 제173조) 등과 같이 현재 가상자산 시장에서 규제 적용이 용이하지 않은 조항들은 제외하였다.

시세 조종행위에 대해서도 「가상자산이용자보호법」은 「자본시장법」을 모범으로 하여 금지하고 있다. 시세 조종행위는 시세를 인위적으로 등락시키고 다른 사람들이 오인하도록 하여 부당한 이익을 추구하는 행위이다. 시세 조종행위는 대상을 특정하지 않고 누구든지 다른 사람을 오인하게 하거나 유인할 목적으로 위반하게 되면 처벌되는 비신분범, 목적범이다. 즉, 가상자산 사업자뿐만 아니라 시세 조종을 하는 사람에게도 해당되며 법 위반이 되기 위해서는 '다른 사람의 오인' 또는 '유인' 등을 의도하는 '목적'이 입증되어야 한다. 「가상자산이용자보호법」은 위장 거래(법 제10조 제2항)와 현실 거래(법 제10조 제3항)를 시세 조종행위로 규정하고 있다. 위장 거래란 실제로 거래가 있지만 불공정한 행위를 통하여 다른 사람들이 시장 판단이나 매매 결정 시 오해하게 할 목적으로 이루어지는 거래를 말하며 통정매매와 가장매매가 있다. 통정매매는 다른 사람들이 잘못된 판단을 하도록 거래의 상대방과 미리 짜고 가상자산을 매매하는 것이다. 마치 해당 가상자산이 거래량이 많고 가격이 상승하고 있는 것처럼 꾸며 이용자들이 잘못된 판단을 하게 만드는 행위이다. 가장매매는 통정매매와 사전에 짜고 거래하는 등 겉으로 보이기에는 같아 보이지만 실제로는 권리의 이전이 이루어지지 않는다는 점에서 차이가 있다. 위장 거래는 이를 위탁하거나 수탁하는 행위도 처벌을 받는다. 시세 조종의 다른 형태로는 현실 거래가 있다. 현실 거래란 거래 상대방과 사전 모의 등은 없지만 다른 사람들이 시장 판단을 오해하게 할 목적으로 인위적으로 실제 시장에서 대량 매수 등을 통하여 가격을 변동시키거나 일정 가격으로 고정시키는 행위를 말한다. 「가상자산이용자보호법」은 「자본시장법」과 달리 허위 표시 등을 통한 시세 조종, 현물과 선물과 연계한 시세 조종은 포함하고 있지 않다. 이는 법 제정 당시 가상자산 선물 등 파생상품이 없어 규제의 필요성이 적어 규정을 하지 않았으나 비트코인 선물ETF, 비트코인 현물ETF 등이 미국, 홍콩, 유럽 등에서 나오고 있는 점을 감안할 때 추후 검토가 필요하다. 「가상자산이용자보호법」이 「자본시장법」과 다른 또 하나의 사항은 「가상자산이용자법」은 시장 조성 행위를 인정하고 있지 않다는 점이다. 시장 조성행위란 증권 발행 후 대량의 물량 공급 등으로 시장이 활성화되지 않거나 가격 하락을 막기 위하여 일정 기간 동안 발행인, 증권사 등이 수요나 공급을 조절하는 것을 말한다. 가상자산 시장에서는 이러한 시장 조성 행위가 허용되지 아니하여 시세 조종행위로 처벌받을 수 있다.

시세 조종행위는 목적성을 입증하여야 하기 때문에 법 적용이 용이하지 않을 수 있다. 이에 「가상자산이용자보호법」은 「자본시장법」의 예를 따라 목적성의 입증이 없더라도 적용할 수 있는 일반적이고 포괄적인 형태의 부정 거래행위 금지 규정을 두고 있다. 즉, 부정한 수단 사용(법 제10조 제4항 제1호), 거짓 표시(제2호), 거짓 시세(제3호) 이용행위를 금지하고 있다. 이러한 규정들은 「자본시장법」에서 새로운 유형의 불공정 거래에 대처하고 목적성 입증이라는 주관적 요건의 충족 곤란 등 관련 규정의 한계를 보완하기 위한 것으로서 「가상자산이용자보호법」도 이를 승계한 것이다. 그러나 「자본시장법」의 풍문 유포, 위계 사용, 협박 등 부정거래

06 우리나라의 대응

금지 규정과 기존 규정보다 포괄적인 시장 질서 교란행위[77](자본시장법 제178조의 2)는 따르지 않았다. 이에 대하여 가상자산 시장은 24시간 거래 등으로 새로운 불공정 거래행위가 발생할 여지가 더 크다는 견해도 있지만, 가상자산 시장이 아직 본격화되기 전이고 관련 기술이 개발 중인 상황을 고려한 것으로 판단된다. 오랜 기간 동안 걸쳐 보완되고 지속적으로 강화되어 온 증권시장에서의 규제들을 모두 적용할 경우 가상자산 시장과 기술 발전을 과도하게 규제할 우려가 있기 때문이다. 따라서 우선 필요한 규제를 도입하여 그 규정으로 수용하는 데 노력하고 추후 시장 상황 등을 보아 규제 강화를 추진하기로 한 것이다.

「가상자산이용자보호법」은 시장의 양태가 비슷한 증권시장을 규율하는 「자본시장법」을 따르면서도 가상자산의 시장과 기술의 특성에 따른 「자본시장법」과 다른 규정을 마련하였다. 가상자산 시장은 발행인과 증권거래소가 엄격히 구분되는 증권시장과 달리 가상자산 사업자가 가상자산을 발행하고 가상자산 플랫폼도 운영할 수 있다. 이 경우 플랫폼을 운영하는 가상자산 사업자 자신이 발행하는 가상자산을 자신의 플랫폼에 상장할 경우 시세 조종 등 여지가 크고 이해 상충 문제도 발생할 수 있다. 이에 따라 「가상자산이용자보호법」은 가상자산 사업자와 특수관계인이 발행한 가상자산의 매매 등 거래를 하지 못하도록 규정하였다(법 제10조 제5항). 다만, 가상자산 사업자가 가상자산을 이용자에게 특정 재화 등을 주고받았거나 착오 입금 등으로 취득한 경우는 적용하지 아니한다.

---

77 「자본시장법」은 시세 조종행위와 부정거래를 규정하면서도 시장 질서 교란 행위를 규정하고 있다. 이는 기존 법령에서 시세 조종의 목적이 없어 명백한 위법행위로 보기 어렵지만 시장 질서를 교란하여 거래의 공정성 등을 저해하는 새로운 유형의 불공정 거래행위에 대응하기 위함이다.

이 경우에도 인터넷 홈페이지 등에 취득한 가상자산의 종류, 금액, 취득 사유 등을 공시하여야 한다.

이 밖에도 「가상자산이용자보호법」은 가상자산 사업자에게 일정한 행위를 금지하거나 의무를 부과하고 있다. 가상자산 사업자는 이용자의 가상자산과 관련된 입금과 출금을 정당한 이유 없이 차단하여서는 아니 된다(법 제11조). 정당한 사유란 은행 또는 블록체인 네트워크의 전산 장애, 신규 거래 거절 또는 종료 사유 발생, 수사기관 등의 요청, 해킹 등 긴급한 필요한 있는 경우로 시행령에서 규정하고 있다. 이러한 정당한 사유 없이 가상자산 사업자가 임의로 차단할 경우 손해 배상의 대상이 된다. 특히, 가상자산 사업자 중 가상자산거래소를 운영하는 사업자에게는 이상 거래 감시 의무를 부과하고 있다(법 제12조). 해당 가상자산 사업자는 가상자산의 가격이나 거래량이 급격히 변동하는 등 비정상 변동 거래, 즉 이상 거래를 상시 감시하고 불공정 거래 위반으로 의심되는 경우 금융위 등에 통보하여야 하며, 혐의가 충분한 경우 수사기관에도 신고하여야 한다.

(7) 자금 세탁 방지

가상자산이 자금 세탁 방지를 규율하는 「특정금융거래정보법」에 포함됨에 따라 가상자산 거래와 가상자산 사업자도 이 법에서 정한 자금 세탁 방지 규제를 받게 된다. 「특정금융거래정보법」은 가상자산 사업자들에게 불법재산 의심거래 보고(법 제4조), 고액 현금거래 보고(법 제4조의

2), 내부통제 등 조치(법 제5조), 고객 확인 의무(법 제5조의2), 전신 송금 시 정보 제공(법 제5조의3) 등 다른 금융회사들과 마찬가지로 의무를 부과하고 있다. 다만, 전신 송금 시 정보 제공, 즉 트래블 룰(travel rule)과 관련해서는 가상자산이 중앙집중형이 아닌 분산원장 체계인 블록체인 기술의 특성을 감안하여 달리 정하도록 하였다(법 제6조 제3항).

가상자산 사업자는 가상자산 거래로 받은 재산이 범죄 수익, 불법 수익 등으로 의심되는 경우 금융위 산하의 금융분석원장에 보고(Suspicious Transaction Report: STR)하여야 한다. 불법 수익으로 의심되는 거래로는 거래자가 실명 노출을 기피하거나 자금 출처가 불명확한 경우, 거액 입금 후 당일 또는 익일 인출하는 경우, 빈번하게 입출금을 하는 경우 등으로 감독 규정에서 세부적으로 정하고 있다. 가상자산 사업자는 온라인 보고, 문서, 이동식 저장장치로 제출 가능하며 긴급한 경우 전화, 팩스 사용도 가능하다. 가상자산 사업자는 고액 현금 거래도 보고(Currency Transaction Report: CTR)하여야 한다. 「특정금융거래정보법」은 시행령에서 1천만 원 이상의 현금, 수표 등을 고액으로 보고 있다. 이는 동일인 명의로 1거래일 동안 지급하거나 영수한 금액을 합산한 액수이며, 합산액이 1천만 원 미만이라도 거래자가 이를 회피 의도가 감지된 경우에는 보고하여야 한다. 가상자산 사업자는 다른 금융회사들과 마찬가지로 이러한 보고를 원활하게 하기 위하여 보고책임자 임명, 내부보고 체제 수립, 업무지침 마련, 임직원 교육 등 내부통제 조치를 취하여야 한다. 이러한 보고 의무 외에도 가상자산 사업자는 고객 확인 조치(Customer Due Diligence: CDD, Know Your Customes: KYC)를 하여야 한다. 가상자산 사업자를 포함한 금융회사들은 계좌 신규 개설, 일회성 금융 거래가 일정액[78]을 초과하는 경우, 실제 소유자인지 의심되는 경우 등 고객의 신원 확인과 실제 소유자 여부를 확인하여야 하며, 고위험자인 경우는 직업, 업종, 거래 목적, 자금의 원천 여부 등도 강화하여 검증을 하여야 한다. 특히 금융회사들에게 가상자산 사업자가 고객인 경우 더 강력한 확인을 하도록 하고 있다. 가상자산 사업자가 신고된 사업자인지 여부, 예치금 구분 관리 여부, 정보보호 관리체계 인증 획득 여부 등을 확인하도록 하고 있다. 가상자산 사업자 등 금융회사는 고객이 정보 제공을 거부하는 경우 거래를 거절하거나 종료할 수 있다.

트래블 룰과 관련해서는 일반 금융회사에 대하여 1백만 원(미화 1천 달러) 이상 금액을 송금하는 경우 송금 금융회사가 송금인과 수취인의 성명과 계좌 번호를 수취 금융회사에 제공하도록 하고 있다. 다만 해외 송금이나 의심 거래 우려 시에는 송금인의 주소나 주민등록번호를 제공하도록 하고 있었다. 그러나 가상자산 거래에 대해서는 분산원장 등 기술적 특성을 고려하여 달리 정하고 있다(시행령 제10조의 10). 송신사업자가 수취사업자에게 1백만 원 이상의 가상자산을 이전 시 송신인과 수신인의 성명과 가상자산주소를 수취사업자에게 제공하여야 한다. 또한 수취사업자나 금융정보분석원장이 요청하는 경우 주민등록번호 또는 여권번호, 외국인등록번호를 추가로 제공하여야 한다. 블록체인을 통한 가상자산의 이전은 개인과 개인 간, 개인과 가상자산 사업자 간, 가상자산 사

---

[78] 「특정금융거래정보법 시행령」 제10조의3은 일반금융 거래인 경우 1천만 원, 카지노 영업장에서 칩과 현금 등 거래 시 3백만 원, 전신 송금이나 가상자산의 경우 1백만 원으로 규정하고 있다.

업자와 가상자산 사업자 간 등 다양하게 이루어지고 있어 어느 범위까지 규율할 것인지가 논란이 되었다. 당초 입법 예고한 시행령안에서는 현실적으로 파악이 어려운 순수히 개인 간 이전은 제외하되, 가상자산 사업자 간 이전뿐만 아니라 가상자산 사업자와 개인 간 이전에도 적용하도록 하였다. 가상자산 사업자가 일방일 경우 사업자를 통하여 송신인과 수취인의 정보를 파악할 수 있다고 판단하였기 때문이다. 그러나 개인과 가상자산 사업자 간의 이전인 경우 개인에게서 받은 정보의 신뢰성을 확보하기 어려우며, 특히 개인이 가상자산 사업자에게 이전한 경우 사업자가 고객인 수취인에게 송신인의 정보를 요구할 권한이 없고, 외국 사업자의 경우는 더욱 실행을 요구하기 어렵다. 이에 따라 트래블 룰은 가상자산 사업자 간의 가상자산 이전 시에만 적용되고 송신사업자의 의무로만 제한하고 있다.

가상자산 사업자 등의 자금 세탁 방지 등에 관한 업무는 금융정보분석원이 감독·검사하며 시정명령, 영업 정지 등의 권한을 보유하고 있다. 또한 금융정보분석원장은 수사 등과 관련성이 있는 정보, 분석정보 등 특정 금융거래 정보를 검찰, 행안부, 국세청 등 관련 기관에 제공하여야 한다.

2) 토큰증권 제도 도입

정부는 증권형 가상자산을 토큰증권이라는 이름으로 증권의 일종으로 규정하고 발행과 유통(Security Token Offering: STO)을 허용하는 정책을 추진하고 있다.[79] 토큰증권은 주식, 채권 등 기존의 정형적 증권을 토큰화하여 발행할 수 있지만 주로 「자본시장법」상의 비금전 수익증권, 투자 계약 등 비정형 증권의 토큰화를 통하여 토큰증권을 발행할 것으로 본다. 금융위는 비정형 증권을 통한 토큰증권을 우선 추진한다고 밝혔다. 따라서 토큰증권이 되기 위해서는 가장 대표적인 「자본시장법상」의 투자 계약 증권으로 증권성을 인정받아야 한다. 그러나 무엇을 투자 계약 증권으로 볼 것인지는 쉬운 문제가 아니다. 금융위는 증권성 판단 기준을 미국의 하위(Howey) 기준과 유사하게 같이 투자자가 공동사업에 금전 등을 투자하고 투자자 외의 다른 사람이 주로 사업을 수행하여 그 결과에 따른 손익을 귀속받는 권리로 제시하였다. 이러한 증권성의 판단은 일의적으로 할 수 없고, 가상자산별로 제반 사항을 종합적으로 판단받아야 한다.

토큰증권의 발행은 「전자등록증권법」 개정을 통하여 별도의 발행 방식을 마련하는 등 전자등록증권 체계로 수용할 계획이다.[80] 그간 증권의 발행 형식은 「자본시장법」 등에 따른 실물증권과 「전자등록증권법」에 따른 전자증권으로만 할 수 있었다. 「전자등록증권법」에 전자증권처럼 계좌부에 등록하면 법적 효력을 갖도록 하도록 하여 토큰증권를 발행할 수 있는 근거를 마련하는 방향으로 추진하고 있다. 그러나 전자증권은 예탁원이 전자등록기관이 되어 발행인, 고객관리 계좌 등을 총괄 관리하고

---

79   2023년 2월 금융위는 '토큰증권 발행·유통규율 체계 정비 방안'을 발표하였다.
80   2023년 7월 국회는 토큰증권의 발행과 유통을 위하여 「자본시장법」과 「전자등록증권법」 개정안을 발의하였으나 21대 국회에서 처리되지 못하여 폐기되었다. 다만, 22대 국회에서 재발의되어 논의가 진행되고 있다.

증권사 등이 고객 계좌를 관리하는 중앙화된 계좌부를 운영하고 있다. 이에 따라 블록체인을 기반으로 거래 내역 등 원장을 분산하여 관리하는 토큰증권에 그대로 적용하기 어렵다. 또한, 전자증권은 발행인과 판매, 고객계좌를 관리하는 계좌관리기관을 엄격히 구분하도록 하고 있으나, 토큰증권은 초기 단계로 수익성 보장의 어려움 등으로 계좌관리기관 확보가 용이하지 않고, 발행인이 블록체인 운영과 분산원장을 관리할 가능성이 높다. 이러한 기술적·관리적 특성을 고려하여 다양하고 혁신성 있는 토큰증권이 출현할 수 있도록 분장원장에 법적 효력을 부여하고, 일정 요건을 갖춘 발행인의 경우에는 계좌관리기관을 병행할 수 있도록 하였다. 또한 토큰증권의 발행을 지원하기 위하여 소액 공모 한도를 10억 원에서 30억 원으로 하고 투자자 보호장치를 강화한 경우에는 최대 100억 원까지 공모할 수 있도록 하였다. 그러나 시장에서는 현재의 토큰증권 추진방안이 블록체인의 장점을 충분히 살릴 수 없다는 의견이 제기되고 있다. 블록체인으로 발행인과 고객계좌를 분리하여 관리할 수 있음에도 불구하고 기존 증권과 마찬가지로 예탁원이 총괄 관리하게 함으로써 비효율을 초래할 수 있다는 것이다.

토큰증권은 가상자산이 아니기 때문에 가상자산거래소에서 거래할 수 없고, 기존의 증권거래소에 상장할 수 없다. 이에 따라 토큰증권은 장외거래시장과 한국거래소 내 별도의 디지털증권시장을 개설하여 유통하게 할 계획이다. 「자본시장법」을 개정하여 투자계약증권 등이 유통될 수 있도록 하고, 장외거래중개업자 운영 방안, 디지털증권 시장 상장 요건 등을 마련하게 된다. 토큰증권이 발행·유통되기 위해서는 「자본시장법」,

「전자등록법」 개정이 마무리되어야 한다. 그 이전에는 「금융혁신지원특별법」에 따라 혁신금융 서비스로 지정을 받아 금융 규제 샌드박스에서 실행이 가능하다. 현재 부동산 기반의 STO(루슨트블록), 항공기 엔진 리스 STO(갤러시아머니트리) 등이 금융 규제 샌드박스로 서비스가 제공되고 있다.

3) 블록체인 산업 진흥

우리나라는 여러 차례에 걸친 가상자산 대책으로 블록체인 기술과 진흥은 가상자산 규제와 구분하여 추진하기로 함에 따라 블록체인 산업 진흥은 별도의 법적 근거 없이 정보통신기술(ICT)과 산업 진흥 정책을 담당하는 과학기술정보통신부가 하고 있다. 국회 차원에서는 21대 국회에서 블록체인 기술 연구개발, 산업 진흥, 전문인력 양성, 특구 지정 등을 내용으로 하는 「블록체인 진흥 및 육성에 관한 법률」 등 법안을 발의하였으나 임기 만료로 폐기되었다. 과기정통부는 2018년, 2020년 블록체인 기술 진흥 대책을 수립한 데 이어 2022년에는 웹3시대 기반 마련을 위하여 블록체인 산업 진흥 전략을 마련하였다. 이에 따라 블록체인 이용 활성화를 위하여 시장 초기 수요 창출을 위한 시범사업뿐만 아니라 주민투표, 교육 이력, 복지 등 공적지원금 관리 등 대형 프로젝트를 추진하고 있다. 스마트 계약, 분산 신원 증명과 같은 주요 블록체인 기능의 법적 효력 근거 마련과 관련 규제 개선 등 법·제도 정비도 추진하고 있다. 또한 신뢰성 있는 블록체인 구축을 위하여 상호운영성, 보안성 강

06 우리나라의 대응

화, 고성능 합의 기술, 개인정보 보호 기술 등 기반 기술 개발 지원과 함께 인공지능(AI), 사물인터넷(IoT) 등 융합기술도 개발하고 있다. 이와 더불어 블록체인 사업자의 혁신 서비스 발굴, 창업, 해외 진출 지원, 전문 인력 양성 등 세부 과제도 추진 중이다. 2023년에는 과학기술정보통신부와 한국인터넷진흥원이 블록체인 수요·공급자 협의체(ABLE)[81]를 출범시켜 블록체인 기술 확산과 산업생태계 강화, 해외 진출 지원 등을 역점적으로 추진하고 있다.

81　　ABLE(Alliance of Blockchain Leading digital-Economy).

07

혁신: 디지털 금융 발전과
새로운 경제·금융 질서 선도

1) 디지털자산 시장의 상황과 규제

　디지털자산 시장은 규제와 충돌하면서도 성장하고 있다. 우리나라의 경우 2023년 말 시가 총액은 43.6조 원, 일평균 거래 규모는 3.6조 원, 이용자는 645만 명이다. 시가 총액의 경우 디지털자산 가격 상승 등으로 2022년(19조 원) 대비 2배 이상 커졌다. 디지털자산 거래에 초기부터 참여하였던 이용자나 개발자는 전통 금융시장에서 얻을 수 없는 엄청난 큰 규모의 부(富)를 얻었다는 이야기도 나온다. 그러나 그 내용을 살펴보면, 디지털자산 시장은 중앙화된 거래소를 중심으로 편향적으로 성장하였을 뿐 블록체인 기술이 당초 약속하였던 금융 시스템 혁신은 아직 도래하지 않았다. 그 이유는 비단 우리나라만의 문제가 아니라 글로벌 디지털자산 생태계 내에서 디지털자산 개발자, 서비스 제공자, 이용자 등 다양한 참여자들의 활동의 결과이다. 디지털자산을 부의 창출 도구로만 보고 투기적 거래 형태, 가격의 급격한 변동성, 해킹 등으로 디지털자산의 탈취, 사기적 자본 조달행위로 ICO 악용, 거래소의 고객자금 관리 소홀 등이 빈번하게 일어나 부정적 이미지를 확대 재생산해 왔다. 이러한 위험성의 확산은 각국 정부로부터 규제 도입을 촉진시켰다. 디지털자산에 우호적인 싱가포르조차도 규제를 강화하고 있고, 디지털자산이 혁신을 이야기 하지만 거래소, 분산 금융(DeFi) 등이 왜 과거의 모델만 따라 가고 있는가 라는 지적은 뼈아프다. 디지털자산이 미래의 부를 창조할 수 있는 수단이지만 돈만 좇아 간다면 디지털자산의 지속성은 보장할 수 없다. 기술개발과 서비스 혁신을 통하여 디지털자산이 경제와 금융의 혁신적인 역할을 할 때 그 기반 위에 디지털자산 생태계가 발전하고 부가 창출될 수 있는 것이다.

디지털자산의 부정적 이미지로 인하여 그 뒤에 더 큰 혁신의 잠재력은 알려지지 못하고 이를 알리려는 노력이 더 이루어지지 못하는 것이 안타깝다. 디지털자산거래소를 중심으로 발행과 거래가 일어나는 것이 디지털자산의 전부가 아니라 블록체인 기술을 이용하여 거래비용과 시간을 획기적으로 줄이고 이제까지 볼 수 없었던 분산형 블록체인 시스템을 통하여 투자, 금융 거래 등 금융시장의 패러다임 전환을 가져올 수 있는 혁신성과 향후 인공지능(AI), Web 3, 사물인터넷(IoT), 메타버스(metaverse) 등 다른 미래 정보통신기술과 융합하여 새로운 금융생태계가 출현할 수 있다는 발전성이 더 중요하다. 이러한 인식에 따라 미국, 유럽연합(EU) 등 선진 국가들과 국제 사회는 중국과 같이 디지털자산을 완전히 금지하지 않고 적정 수준의 규제 해법을 모색하는 데 노력을 기울이고 있다. 국제통화기금(IMF)도 디지털자산은 거시·금융 안정성, 자금 세탁 방지, 이용자 보호, 시장의 건전성 등에 여러 가지 위험성이 내포되어 있지만, 거래의 투명성, 효율성, 혁신성, 금융 포용성 측면의 강점이 있으므로 완전 금지(blanket ban)보다 효과적인 규제정책을 세울 것을 권고하였다. 완전 금지는 혁신을 위축시키고 오히려 불법행위를 음성화할 가능성이 높다고 하였다.[82]

각국의 디지털자산에 대한 규제 대응은 디지털자산에 대한 인식의 정도, 입법 방식 등 규제 시스템의 특성, 블록체인 기술과 디지털자산 시장의 발전 정도, 국가 경쟁력 제고 전략 등에 따라 다양하게 나타나고 있다. 미국은 블록체인 기술과 디지털자산 시장 측면에서 가장 앞서 있다. 비트코인과 이더리움 등 대표적인 디지털자산이 미국에서 개발되었고, 지급 결제나 통화·금융정책에 영향이 큰 스테이블코인은 달러 담보형이 대부분을 차지한다. 채권 등 증권의 토큰화, 분산 금융(DeFi) 등 디지털자산 생태계도 미국을 중심으로 확산되고 있다. 스테이블코인, DeFi 등은 블록체인 네트워크를 통하여 국경을 넘어 거래되어 미국의 금융산업 경쟁력 우위와 메타, 아마존 등 빅테크 기업과 결합될 때 더 큰 파급력을 가지게 될 것이다. 미국이 지금까지 디지털자산 시장에서 경쟁력 우위를 가지는 것은 새로운 기술과 시장의 경제활동을 원칙적으로 허용하고 하지 말아야 할 것만 규제하는 시장 우선과 네거티브적 규제 방식에 기인하는 바가 크다. 미국에서는 디지털자산의 발행과 유통을 자유로이 하되, 자금 세탁 방지, 사기 등 불법행위에 대하여 사후적으로 규제하고, 증권에

---

82 IMF(2023). Elements of Effective Policies for Crypto Assets.

해당하는 경우 증권법에 따라 규율하도록 하였다. 지금 입법이 논의되는 FIT21 법안도 새로운 규제를 만들기보다 그동안 문제되었던 증권형 디지털자산과 다른 디지털자산의 관할을 명확히 하여 규제의 투명성을 높이고 이용자 보호를 보완하는 등 디지털자산이 좀 더 투명하고 안전하게 거래될 수 있는 제도적 기반을 만듦으로써 디지털자산 시장의 혁신을 활성화하는 데 목적이 있다.

유럽연합(EU)은 디지털자산에 대한 규제의 불확실성을 줄이고 시장의 혁신을 조화하기 위하여 세계 최초로 디지털자산에 관한 단일 법안을 만들었다. 통화·금융정책에 영향이 큰 전자화폐 담보형, 자산준거 담보형 등 스테이블코인에 대한 발행 규제와 디지털자산 사업자 규제, 시장에서의 불공정행위 제한 등 규제를 도입하면서도 스테이블코인외 디지털자산에 대해서는 대폭 완화된 발행 규정을 두어 시장의 혁신성이 잠식되지 않도록 하였다. 일본은 우리나라와 같이 법령에서 허용하는 행위만 하여야 하는 포지티브 방식을 택하고 있다. 따라서 이러한 입법 방식에서는 정부가 기술과 시장의 변화에 신속히 대응하여 새로운 서비스가 도입되고 적절히 규제할 수 있는 제도적 여건을 마련하는 것이 중요하다. 일본은 디지털자산 시장 초기부터 기존 법령을 개정하는 방식으로 디지털자산 시장의 형성을 유도해 왔다. 2016년 「자금결제법」을 제정하여 디지털자산을 지급 결제 수단으로 수용하였고, 2019년에는 디지털자산 시장의 변화에 맞추어 규제 보완과 증권형 디지털자산의 발행·유통 기반을 만들었다. 또한 2022년에는 「자금결제법」을 재개정하여 스테이블코인의 도입 근거를 마련하였다. 다만, 일본은 디지털자산에 대한 우호적 인식에서 디지털자산의 발전 상황에 따라 필요한 제도적 기반을 도입하여 왔지만, 상장 등 집행 과정의 엄격성으로 디지털자산 시장이 활성화되는 데는 한계가 있었다. 싱가포르는 정보통신기술(ICT) 등 신기술 도입에 대한 적극적인 분위기를 바탕으로 초기부터 디지털자산을 지급 결제가 가능한 금융상품으로 받아들이고 발행과 유통에 최소한의 규제를 시행하였다. 이에 따라 아시아 지역에서는 디지털자산 시장이 가장 활성화된 시장으로 평가받고 있다. 그러나 자금 세탁, FTX 파산, 루나-테라 사태 등 디지털자산 시장의 변동성이 커짐에 따라 규제를 강화하는 추세이다.

우리나라의 디지털자산 규제정책으로는 2020년 3월 디지털자산의 자금 세탁 방지와 디지털자산 사업자의 신고 등을 규정한 「특정금융정보거래법」이 개정되고, 2023월 6월 디지털자산 이용자 자산 보호, 시세 조종 등 불공정행위 금지 등을 규정한 「가상자산이용자보호법」이 제정되었다. 또한 2023년 2월에는 금융위가 '토큰증권 발행·유통 규율 체계 정비 방안'을 발표하여 증권형 디지털자산에 대한 정책 방향이 마련되었다. 이를 제도적으로 뒷받침하기 위하여 그해 7월 「자본시장법」과 「전자등록증권법」을 발의하였다. 이러한 규제 도입 경과로 볼 때 EU, 일본, 싱가포르 등에 비해서는 늦었지만 미국 등을 고려하면 국제적 추이에서 뒤처진 것은 아닌 것으로 보인다. 그러나 규제의 내용에서는 많은 보완 사항이 제기되고 있다. 디지털자산에 대한 부정적 인식이 너무 강하여 디지털자산의 혁신성을 고려하기보다 투기적 거래, 해킹, 불공정행위 등으로 이용자 피해, 자금 세탁 수단으로 악용 등 부작용을 막는 데 집중하고

07 혁신: 디지털 금융 발전과 새로운 경제·금융 질서 선도

있다. 이렇게 디지털자산을 엄격히 규제하여야 할 대상으로 보게 됨에 따라 ICO 금지, 은행 등 금융기관의 디지털자산 시장 참여 제한, 법인·기관의 디지털자산 거래 금지 등 다른 나라에는 없는 규제가 행정지도 형태로 도입되었다. 2017년 규제 도입 초기에 디지털자산거래소를 중심으로 한 디지털자산 가격의 변동성 확대, 사기, 횡령 등으로 인한 이용자 피해 급증 등으로 디지털자산 거래시장의 불안정성이 커지자 별다른 규제 기반이 없는 상황에서 도입되었다. 이러한 규제 환경으로 디지털자산 사업자들은 디지털자산을 싱가포르 등 해외에서 발행한 후 국내 거래소시장에 상장하거나 아예 동남아, 중동 등 규제가 엄격하지 않은 국외로 사업의 근거지를 옮기는 경우가 많아지고 있다. 국내에서는 부정적 시각과 규제 부담으로 인해 디지털자산 관련 기술과 서비스 개발을 기피하거나 포기하고 있다. 이에 따라 분산 금융(DeFi) 등 혁신적이고 다양한 디지털자산 생태계의 조성은 갈수록 어려워지고 거래소 중심의 제한된 시장만 형성되어 있다. 디지털자산 거래시장도 정보 접근이 어려운 개인 이용자가 중심이 되고 비트코인이나 이더리움이 아닌 알트코인 위주로 거래됨에 따라 거래의 안정성이 취약한 구조를 띠고 있다. 또한 증권형 디지털자산의 입법 지연과 스테이블코인, 분산 금융, 실물 기반 디지털자산(RWA) 등에 대한 법적 불확실성이 높아 시장에서는 디지털자산 시장의 생태계 기반 상실과 경쟁력 저하를 우려하는 목소리가 커지고 있다.

2) 디지털자산 시장과 규제의 나아갈 방향

　　디지털자산 시장은 다른 IT산업과 마찬가지로 전 세계적으로 동시에 진행되고 있다. 우리의 규제나 의지에 상관없이 기술과 시장은 발전을 지속하고 있으며, 이러한 가운데 효율적인 규제를 통하여 혁신에 성공한 나라는 구글, 아마존, 메타 등 다른 정보통신 사업자와 마찬가지로 세계 시장을 선점하게 될 것이다. 우리나라 디지털자산 시장이 새로운 부를 창출하는 지속 가능한 자산시장으로 발전하고, 블록체인 기술과 혁신 서비스를 통하여 금융 혁신을 이끌고 산업경쟁력을 강화하는 데 기여하기 위해서는 디지털자산 개발자, 사업자, 이용자 등 시장 참여자와 정부, 국회 등 시장과 규제정책에 참여하는 행위자들의 지혜와 노력이 필요하다. 특히, 디지털자산과 법정 화폐의 교환이 이루어지는 디지털자산거래소는 디지털자산의 매매를 통하여 가격 형성과 수익 실현이 이루어지는 플랫폼으로 디지털자산 생태계에서 중요한 기능을 수행하고 있다. 디지털자산 교환, 분산 금융(DeFi) 등을 통하여 디지털자산이 유통되더라도 결국은 실제 화폐로 바꾸는 종착역이기도 하다. 그리고 일반인들이 가장 쉽게 접근할 수 있어 디지털자산 시장을 들여다보고 평가하는 창구이기도 하다. 디지털자산거래소가 투명한 가격 설정 기능과 신뢰성을 잃으면 이용자는 시장을 떠나게 되고, 디지털자산 기술과 서비스 개발자도 시장 참여 유인을 잃어 생태계 존속이 위태롭게 된다. 따라서 디지털자산 거래사업자는 디지털자산에 대한 부정적 인식을 해소하고 시장의 신뢰성을 확보하도록 노력하여야 한다. 정보 비대칭을 해소할 수 있도록 정보와 위험성에 대한 투명한 공개, 위험에 대한 과도한 마케팅 자제, 시세 조종 등 불공정행위에 대한 감시 등 「가상자산 이용자보호법」으로 도입된 규제를 선제적으로 준수하고 자율 규제를 강화하여야 한다. 또한 디지털자산 시장의 확산으로 디지털자산 수탁업, 자문업 등 사업자가 다양해짐에 따라 자율 규제의 저변도 확대할 필요가 있다. 더 나가아 디지털자산 시장이 더 발전하기 위해서는 일부 개별 기업별로 추진되는 새로운 디지털자산 기술 개발과 창업을 지원하는 형태에서 사업자 전체 차원에서 재단이나 기금 설립 등으로 지원하는 시스템을 구축하는 것도 고려해 볼 만하다. 디지털자산을 발행하거나 서비스 개발자도 시장의 발전에 중요한 역할을 한다. 단기적 자금 조달이나 수익 창출보다 경제·금융 시스템에 어떤 혁신을 줄 것인지에 비중을 더 두어야 한다. 디지털자산이 단순히 거래소를 통하여 차익 거래 정도의 의미를 가지면 튤립 광풍과 다를 게 없을 것이다. 디지털자산 시장의 장기적 발전은 디지털자산 개발자에게 달려 있다고 하여도 과언이 아니다. 디지털자산 이용자들도 단기적 차액 거래보다 디지털자산의 혁신성과 가치에 기반하여 시장에 참여하여야 한다. 막연한 높은 수익 기대, 대중매체를 통한 심리 자극과 충동에 따르면 가격의 불안정성은 더 커지고 신뢰성은 하락하게 된다. 디지털자산에 대한 충분한 이해와 가치 기반 참여가 이루어질 때 디지털자산 시장의 지속성을 보장하고 디지털자산의 기술과 서비스 혁신이 활성화하는 데 기여할 수 있다.

정부는 디지털자산 시장의 건전한 발전을 위하여 좋은 규제를 통하여 지원하여야 한다. 좋은 규제는 무조건 규제를 완화하는 것이 아니라 이용자 보호 등 공익을 위하여 규율하면서도 규제 대상과 내용을 투명하게 하여 시장 참여자들이 예측성을 가지고 경제활동에 전념할 수 있도록 하는 것이다. 규제하여야 할 부분은 확실하게 하여야 하지만 너무 강하면 집행력을 확보하기 어렵고 규제 우회로 음성화하는 반면 산업의 발전을 저해할 수 있다. 디지털자산 시장에서 규제의 우선은 디지털자산에 대한 부정적 시각을 줄이고 신뢰성을 확보하여 시장의 건전한 발전을 도모하여야 한다는 데 이견이 없다. 「가상자산 이용자보호법」과 「특정금융정보거래법」에 따른 디지털자산 거래의 규율과 자금 세탁 방지 등은 차질 없이 추진되어야 하고, 시행 후 부족하면 보완하여 한다. 그러나 규제는 이용자 보호 등 공익을 위하는 시장을 규율하기도 하지만 새로운 기술과 서비스가 제공될 수 있는 제도적 기반을 만들어 주는 상반된 기능을 한다. 부작용 방지를 위한 규제 일변도로 가면 산업의 발전이 어려워질 수 있다. 따라서 규제 초기에 도입되었던 ICO 금지, 기관투자자 참여 금지, 금융기관의 참여 제한, 디지털자산 기반 상장 지수 펀드(ETF) 금지 등 시장의 지속인 요구 사항은 「가상자산 이용자보호법」의 시행 성과 등으로 시장의 불안정성이 줄어들면 단계적으로 완화하는 방안을 모색하여야 한다. 시장에 주는 영향도 크기 때문에 질서 있는 규제 정비가 필요하다.

    ICO 등 발행은 자금 확보에 어려움을 겪는 디지털자산 개발자의 자본 조달 수단이기도 하지만 이용자 보호의 출발점이기도 하다. ICO의 발행 요건, 이용자 보호, 공개 등이 담긴 백서에 대한 기준을 제공하고 ICO 관리 체계, 위반 시 조치 등을 마련함으로써 디지털자산의 발행이 난립하지 않도록 하고 디지털자산 이용자들의 정보 비대칭을 해소하여야 한다. 처음부터 입법화하지 않더라도 정부는 가이드라인을 주고 상장과 연계하여 디지털자산 사업자 단체에서 엄격히 심사하는 등 자율 규제 형식으로 추진하는 것도 고려할 필요가 있다. 기관투자자 문제는 디지털자산 시장 과열, 다른 경제 부문으로 전이 등이 우려되나 언제까지 막을 수는 없다. 부작용을 제한하는 조치와 함께 시장 상황을 고려하여 규제를 투명화하는 방안이 필요하다. 미국, 일본, 유럽연합(EU) 등에서도 기관투자자의 참여를 막은 사례가 없고 미국의 경우 디지털자산 거래의 85%를 차지하고 있다. 오히려 파생상품 등 위험상품에 투자하는 것을 제한하는 증권시장에서와 같이 개인의 참여를 오히려 제한하는 것이 시장 안정화에 도움이 될 수도 있다. 싱가포르는 디지털자산 자동매매기를 철수시켜 일반인의 접근을 제한하는 조치를 취하기도 하였다. 금융기관의 시장 참여, ETF 등은 금융·통화정책에 미치는 영향이 크고 시장에 주는 메시지가 크다. 따라서 외국의 동향, 국내 디지털자산 시장 발전 상황 등을 충분히 고려할 필요가 있다.

또한, 증권형 디지털자산, 스테이블코인 등 디지털자산 생태계에서 중요한 역할을 담당할 뿐 아니라 디지털 금융의 혁신을 이끌 수 있는 핵심 디지털자산에 대한 도입도 조속히 추진하여야 한다. 증권형 디지털자산은 법적 근거로 추진되던 「자본시장법」과 「전자등록증권법」이 21대 국회에서 폐기됨에 따라 그동안 수백억 원을 투자하여 사업을 준비하던 기업들이 곤혹스러워하고 있다. 규제 샌드박스를 통하여 부동산 등을 신탁하는 형태의 증권형 디지털자산 서비스가 일부 제공되기는 하나, 까다로운 조건 등으로 다양한 증권형 디지털자산이 확산되기에는 한계가 있고, 제공 기한이 정해져 있어 근거법이 만들어지지 않으면 지속성을 확보하기 어렵다. 스테이블코인도 2단계 가상자산업 입법 시에 논의하기로 하였으나 자칫 국제적 추이를 놓칠 우려가 있다. 이미 달러에 연계된 스테이블코인이 글로벌 시장에서 실질적으로 지배적인 가운데 국경 간 지급 결제 수단으로 활용이 확산되고 있어 자국의 통화·금융정책에 미치는 영향을 우려한 유럽연합(EU), 일본은 최근 관련 제도적 기반을 마련하고 시행하는 데 속도를 내고 있다. 일본은 2023년 6월 이후 시행중이고, EU는 2024년 말 이후 시행할 예정이다.

최근 확산되고 분산 금융(DeFi)과 실물 기반 디지털자산(RWA)은 어떤 법을 어떻게 적용하여야 하는지도 고민하여야 한다. 분산 금융은 아직 국제적으로도 논의가 정립되어 있지는 않으나 혁신성과 위험성을 어떻게 조화시킬 것인가가 중요하다. 미국 등에서 확산되고 있는 분산 금융을 시도조차 못하게 하는 규제 체계는 곤란하다. 혁신은 모험적인 시도(risk-taking)를 필연적으로 내포하고 있다. 분산 금융의 위험성, 현행 규제의 미비점을 충분히 고려하면서도 혁신이 일어날 수 있는 분산 금융 도입 방안을 마련하여야 한다. 국제증권감독기구(IOSCO) 등에서 분산형 지배구조로 운영상 취약성, 과도한 차입과 유동성 부족 우려 등 위험성을 지속적으로 제기하고 있지만 기존법 적용이 쉽지 않다. 분산형 자율조직(DAO) 등으로 규제를 강제할 주체가 명확하지 않을 뿐 아니라 예치, 분산형 거래소(DEX), 보험 등 다양한 서비스의 법 적용 여부가 불확실하다. 자금의 예치가 아니기 때문에 은행법 적용이 어렵고, 증권형 디지털 자산이 아닌 경우 「자본시장법」 적용도 어렵다. 또한 중앙집중형 거래소를 중심으로 마련된 「가상자산 이용자보호법」의 사업자 규정과 불공정 거래행위 규정 등이 DEX에 어떻게 적용할지도 살펴보아야 한다. RWA의 경우에도 증권형 디지털자산과 관계 등 법적용 여부도 검토되어야 한다. 디지털자산은 미국을 중심으로 세계 각국에서 기술과 서비스가 개발되어 국경을 넘어 거래되고 있으며, 앞으로 이러한 추세는 가속화될 것이다. 우리나라가 특정 디지털자산과 서비스를 막는다고 막을 수 있는 게 아니다. 오히려 어느 순간엔가 밀려와서 우리의 통화·금융 시스템에 위해(危害)를 가하고 우리나라의 이용자의 이익을 저해하고 금융 시스템의 경쟁력을 떨어뜨릴 수 있다. 디지털자산에 대한 규제에 대하여 국제적 정합성을 가지면서도 국제적 논의의 시기와 속도에 늦지 않게 규제를 정립하는 것이 중요하다.

디지털자산은 블록체인 기술을 금융 분야에 적용한 대표적 사례이다. 블록체인 기술을 이용하면 금융 분야뿐만 아니라 공공, 복지, 기후 변화 대응 등 다양한 분야에서 사용될 수 있다. 디지털신분증(DID), 디지털바우처(digital voucher), 신재생에너지 관리, 부동산 이력관리 등이 그 예이다. 아직 일반인들에게 생소한 디지털자산의 이용이 확산되기 위해서는 다양한 분야에서 활용이 활성화되어야 한다. 이를 위해서는 스마트 계약, DAO, 분산원장 등 블록체인에 공통으로 사용되는 기술이나 조직 체계에 대한 법적 효력을 부여하여야 한다. 대체 불가 토큰(NFT)도 디지털자산에서 제외되어 이의 발행과 거래가 법적 공백에 빠질 수 있다. 또한 블록체인의 확장성, 보안성, 탈중앙화 등 블록체인의 트릴레마(trilemma)를 해결하고 인공지능(AI), 사물인터넷(IoT), Web3 등 첨단 정보통신기술

(ICT)과 융합하여 블록체인을 고도화하기 위해서는 체계적인 기술 개발이 필요하다. 이러한 사항은 금융 부문에 주로 사용되는 디지털자산 관련법에서 다루기 어렵다. 따라서 디지털자산시장을 활성화하고 블록체인 산업을 진흥하기 위해서는 블록체인 기능의 법적 효력, 블록체인 기술과 산업의 체계적인 지원 등을 내용으로 하는 별도 제도와 법도 함께 마련되어야 한다.

디지털자산 시장의 건전한 발전과 경쟁력 강화를 위한 좋은 규제는 규제 당국이나 국회의 노력만으로 만들기 어렵다. 민주국가에서 규제는 외부 환경과 시장 상황뿐만 아니라 정책 하위 체제 내의 디지털자산 사업자, 이용자, 규제 당국, 전문가, 디지털자산 개발자, 관계 부처, 국회 등 다양한 행위자의 이해관계와 정책 신념이 상호 작용하여 형성되기 때문이다. 특히 디지털자산의 규제 생성은 기술, 금융, 법 등 서로 다른 전문적인 분야에 대한 깊은 이해와 연계 노력이 있어야 가능하다. 디지털자산 기술과 서비스 개발은 주로 전문공학적 지식을 가진 기업이 하고 있어 금융과 법 체계에 대한 이해가 부족할 수 있는, 반면, 금융과 법 분야의 규제 당국과 전문가들은 기술에 대한 지식이 충분하지 않을 수 있다. 이러한 상황에서 좋은 규제를 만드는 데 필요한 것이 지속적인 정책 지향 학습과 서로 다른 분야를 아우른 식견을 가지고 적극적인 성향의 정책기업가의 존재이다. 정책 지향 학습은 세미나, 연구 토론 등을 통하여 이루어진다. 지금도 여러 세미나, 행사 등이 이루어지고 있지만 기술전문가그룹과 금융 법령 전문가 그룹 간에 좀 더 지속적이고 심도 깊은 정책 지향 학습을 위하여 직역과 부처, 기관을 아우르는 범사회적 블록체인 학습 플랫폼을 제안한다. 블록체인 기술 전문가, 디지털자산 업계, 이용자, 금융위, 과기정통부, 국회 등이 포함될 수 있다. 우리나라의 경우 정책기업가는 주로 규제 결정 권한을 가진 규제 당국이나 국회의원들이 주로 담당한다. 정책 지향 학습의 결과로 규제 대안이 나타나면 이를 정책기업가가 규제 생성이라는 산출물을 만들어 내는 결정적인 역할을 한다. 생산적인 정책 지향 학습과 유능한 정책기업가가 출현하여 미래 지향적인 좋은 규제가 만들어질 것으로 기대한다.

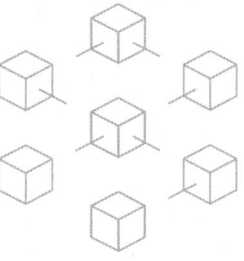

BLOCKCHAIN · DIGITAL ASSETS · REGULATION

참고 문헌

강동수 외. (2022). 디지털 전환에 따른 금융의 혁신과 개혁 방안, 한국개발연구원.
강영기·고영미. (2023). 중앙은행 디지털 통화(CBDC)의 필요성 및 CBDC 도입 관련 논점의 검토: 일본에서의 CBDC 도입 논의를 중심으로, 「인하대학교 법학연구」, 26(1).
강현구. (2023). STO 관련 실무상 주요 이슈 및 개선 사항 검토, 「증권법연구」, 24(2), 한국증권법학회.
고동원. (2024). 탈중앙화금융(Decentralized Finance)과 금융안정, 「금융안정연구」, 25(1), 한국금융연구원.
권오훈. (2023). 가상자산 발행에 대한 법적 규제. 건국대학교 법학전문대학원 박사학위논문.
김갑래. (2022). 국내 ICO시장과 STO시장의 당면 과제와 발전 방향, 자본시장연구원.
김갑래. (2023). 국내 가상자산 소득과세에 있어서의 주요 쟁점 및 개선 방향, 자본시장연구원.
김남현. (2023). 디지털자산시장의 국제 규제 동향과 국내 규제 방향, 「사회과학연구」, 30(2).
김명아 외. (2022). 탈중앙화 금융(De-Fi)의 기업·금융 규제 법제연구, 한국법제연구원.
김범준·이채율. (2021). 가상자산거래소에 대한 최근의 규제 동향과 개선과제: 이용자 보호의 측면을 중심으로, 「홍익법학」, 22(3).
김영국. (2023). 가상자산(암호화폐)의 범죄 위협 요인 분석과 금융산업 안정화 방안 모색, 「지급결제학회지」, 15(2).
김이수. (2024). 일본의 스테이블코인(stablecoin) 법제와 우리 법제의 시사점, 「법학연구」, 65(1),
김재진·최인석. (2022). 「가상자산 법제의 이해」. 박영사.
김종민·정순섭. (2009). 금융규제와 시장 원리에 관한 연구,
김종호. (2024). 탈중앙화 자율조직(DAO)의 거버넌스와 스마트계약의 법적 성질, 「법이론실무연구」, 12(1), 한국법이론실무학회.
김지현. (2021). 가상자산 자금세탁방지제도의 개선 방안 연구, 「지급결제학회지」, 13(2).

김지환. (2023). STO 관련 해외 입법례 및 정부 규제 방향,「디지털금융법연구」, 1(1).
김현경. (2018). 블록체인과 개인정보 규제 합리화 방안 검토,「이화여자대학교 법학논집」, 23(1).
박미영·최공필. (2022). 해외 주요국 중앙은행 디지털 화폐(CBDC) 전략 비교분석 및 정책적 시사점: 중국과 미국을 중심으로,「지급결제학회지」, 14(1), 한국지급결제학회.
박선영. (2022). DeFi의 현황과 향후 규제 방향,「법경제학 연구」, 19(2), 한국법경제학회.
박선종. (2017). 지급결제 혁신과 법률적 쟁점: 분산원장기술 기반의 지급결제시스템을 중심으로,「고려법학」, 87, 고려대학교 법학연구원.
박세준. (2021). 개정된 특정금융거래정보의 보고 및 이용 등에 관한 법률의 한계와 가상자산사업 업권법 제정에 관한 논의,「일감법학」, 50.
브렛 킹 지음, 장용원 옮김. (2020).「뱅크 4.0」. 한빛비즈.
성희활. (2022).「자본시장법 강의」. 캐피털북스.
손세훈. (2023). web3.0 시대에 정치철학의 연결과 쟁점들,「한국과 국제사회」, 7(3).
손정은. (2023). 블록체인 기술을 활용한 증권결제제도에 관한 법적 연구,「민사법의 이론과 실무」.
송화윤. (2024). 탈중앙화금융의 불공정거래 양태 및 가상자산법 적용 검토,「상사법연구」, 42(4).
안성희. (2024). 가상자산소득에 대한 과세 방안 연구,「회계저널」, 33(3).
안현수. (2022). 가상자산시장 불공정거래의 규제: 자본시장 불공정거래 규제와 비교를 중심으로,「금융소비자연구」, 12(2).
원대성. (2023). 가상자산 이용자 보호 등에 관한 법률에 따른 가상자산 불공정거래의 규제와 과제,「증권법연구」, 24(3).
유정기. (2024). 가상자산 신종범죄 유형론 고찰 및 규율 공백에 관한 정책입법 제언,「법과 정책」, 30(1).
유현선. (2021), 비트코인 투자행위에 대한 인지적 의사결정 프로세스 연구,「인터넷전자상거래 연구」, 21(3).
이기광 외. (2019), 비트코인 가격의 결정 요인 : 한국시장에 대한 실증분석,「한국증권학회지」, 48(4).
이대훈. (2023). 가상자산시장의 투명성 확보와 이용자 보호를 위한 규제 입법 구축, 국민대학교 일반대학원 박사학위 논문.
이민창. (2019), 미국 규제관리체계의 제도적 함의,「한국행정연구」, 28(2)
이상훈. (2023). 디지털 혁명, 지하금융, 사이버 범죄의 트릴레마: 암호화자산에 대한 위협, 공격, 범죄에 대한 대응책,「지급결제학회지」, 15(1).
이소연·박정우. (2023). 가상자산 과세 문제와 입법적 검토,「법학연구」, 33(1), 연세대학교 법학연구원.

이원우. (2016). 혁신과 규제: 상호갈등관계의 법적 구조와 갈등 해소를 위한 법리와 법적 수단,「경제규제와 법」, 9(2).
이유미.(2023).「다오 DAO」, 위즈덤하우스.
이정수.(2023). 가상자산 이용자 보호 등에 관한 법률의 법적 의의와 쟁점 및 향후 입법 방향,「증권법연구」, 24(2).
이효진. (2021). 규제정책 변동 요인에 관한 연구:이동전화 단말기 보조금 사례를 중심으로, 연세대 대학원 박사학위 논문.
임병화. (2020), 일본 암호자산 법제도와 그 시사점에 관한 연구,「금융감독연구」, 7(2).
임병화. (2022). 대체불가능토큰(NFT)의 이해와 법적 쟁점,「글로벌금융리뷰」, 3(1).
임병화. (2024). 디지털자산과 금융환경의 변화의 이해,「글로벌금융리뷰」, 4(2).
장보성. (2022).「스테이블코인의 리스크와 정책과제」, 자본시장연구원.
장영일 외. (2018), 기술수용모형(TAM)을 통한 암호화폐 투자요인 분석,「e-비즈니스연구」. 19(2).
장진희·유길상·김성주·김명호. (2023). 탱글(Tangle) 알고리즘의 기술적 구조와 확장성 전망: 블록체인과 비교,「한국IT정책경영학회 논문지」, 15(4).
정다훈. (2024). 금융위원회의 가상화폐 현물 ETF 승인 거부의 법적 검토 : Grayscale Inc. v. SEC 사건 및 가상화폐의 자본시장법상 기초자산 해당 여부를 중심으로, 「금융법연구」, 21(1).
정보통신산업진흥원. (2024). 2023년 블록체인 산업 실태조사.
정웅채. (2022). 가상자산시장의 공시 및 불공정거래행위 규제,「일감법학」, 53.
정진명. (2019). 블록체인 기술과 개인정보 보호의 법률문제,「법조」, 68(2). 법조협회.
천창민. (2022). 탈중앙화 금융(De-Fi)의 기업·금융 규제 법제 연구: 탈중앙화거래플랫폼(DEX) 현상과 법적 쟁점, 한국법제연구원.
최선미. (2023). 일의 미래: 탈중앙조직 DAO,「전자통신동향분석」, 38(1), 한국전자통신연구원.
최자유. (2023). 가상자산 유통시장의 공정성 제고 방안: 상장과 거래를 중심으로,「지급결제학회지」, 15(1).
최준혁·임지훈·박혜성·권헌영. (2023). 국내외 디지털자산의 사이버보안 규제 현황과 시사점,「정보법학」, 27(1).
최지웅. (2020). 증권형 토큰·유통 현황 및 합리적 규제 방안,「경제법연구」, 19(2).
홍성문·이원부. (2023). 개인 투자자의 가상자산 수용 의도에 관한 연구,「한국콘텐츠학회논문지」, 23(4).
하나금융연구소.(2023). 디지털화폐 도입 관련 글로벌 동향과 시사점.
한국은행. (2021). 2021년 상반기 금융안정보고서.
한국은행. (2022). 암호자산 규제 관련 주요 이슈 및 입법 방향.
한국인터넷진흥원. (2021). 블록체인 기반 혁신금융 생태계 연구보고서.

한국인터넷진흥원. (2024). 글로벌 블록체인 기술·정책·산업 동향(주간)
한국핀테크지원센터. (2023). 2023 한국 핀테크 동향 보고서
Adisa, Olawale et al. (2024). Decentralized Finance in the U.S. economy: A review: Assessing the rise, challenge, and implications of Blockchain-driven financial systems, *WJARR*, 21(1).
Ahmed, Alim Al Ayub. (2024). The Rise of DeFi: Transforming Traditional Finance with Blockchain Innovation, doi:10.20944/preprints202402.0738.v1
Almsyah, Andry et al. (2024). A Review on Decentralized Finance Ecosystem, *Future Internet*.
Antonopoulos, Andreas M. (2017). *Mastering bitcoin : programming the open blockchain*, O'Reilly Media.
Atzori, Marcello. (2017). Blockchain Technology and Decetralized Governance : Is the State still necessary?, *Journal of Governance and Regulation*, 6(1).
Birch., David G. W. & Richardson, Victoria J. (2023). Metamoney: Payments in the metaverse, *Journal of Payments & Systems*, 17(2).
BIS (2023). Stablecoins versus tokenized deposits : Implications for the singleness of money.
BIS (2024). Stablecoins: regulatory responses to their promise of stability.
Buterin, Vitalik. (2015). A next-generation smart contract and decentralized application platform, Etherium White paper.
Dixion, Chris. (2024). *Read Write Own: Building the Next Era of the Internet*, Random House.
Donoghue, Seamus. (2023). Custody in the age of digital assets: The path to building market infrastructure fit for a tokenised economy, *Journal of Securities Operations & Custody*, 16(2).
Dyhrberg, H. A., Foley, S., & Svec, J. (2017). How investible is Bitcoin? Analyzing the liquidity and transaction costs of Bitcoin markets, *Economics Letters*, 171.
Eichengreen, B. & Viswanath-Natraj, G. (2022). Stablecoins and Central Bank Digital Currencies: Policy and Regulation Challenges, *Asian Economic Papers*, 21(1).
Ethereum. Terms of Use, 2024. 8.26. http://ethereum.org/en/terms-of-use.
European Commission. (2020). Digital Finance Package: Commission sets our new, ambitious appoach.

European Commission. (2020). Proposal a Regulation of the European Parliament and of the Council on Markets in Crypto-assets, and Directive.
European Commission. (2024). EU Blockchain Ecosystem Development.
FATF. (2021). Updated Guidance for a Risk-Based Approach to Virtual Assets and Virtual Asset Service Providers.
Federal Reserve.(2020). The Digitalization of Payments and Currency: Some Issues for Consideration.
FSB. (2020). Regulation, Supervision, and Oversight of Global Stablecoin Arrangement.
FSB. (2022). Assessment of Risks to Financial Stability from Crypto- assets.
FSB. (2022). Regulation, Supervision, and Oversight of Crypto Asset Activities and Markets.
FSB. (2023). The Financial Stability of Decentralized Finance.
Gaurav, Arora. (2022). *Cryptoasset Regulatory Framework in Japan*.
Hayek, Friedrich, A., (1973). *Law, Legislation and Liberty: Rules and Order*, The University of Chicago Press.
Hood, Christopher. (1994). *Explaining economic policy reversals*. Open University Press, Buckingham·Philadelphia.
IMF. (2016). Virtual Currencies and Beyond: Initial Considerations.
IMF. (2019). Regulation of Crypto Assets.
IMF. (2023). Assessing Macrofinancial Risks from Crypto Assets.
IMF. (2023). Elements of Effective Policies for Crypto Assets.
IMF. (2023). A Guide to Central Bank Digital Currency Product Development.
IOSCO. (2020). Issues, Risks and Regulatory Considerations Relating to Crypto-Asset Trading Platforms.
IOSCO. (2022), Decentralized Finance Report.
IOSCO. (2023), Final Report with Policy Recommendations for Decentralized Finance.
IOSCO. (2023). Policy Recommendation for Crypto and Digital Asset Markets.
IRS, Digital Assets. http://www.irs.gov
Kerr, David & Jennings, Miles. (2021). *A Legal Framework for Decentralized Autonomous Organization*.
Kimpel, Scott H. (2021). *Regulators Continue Crackdown on Crypto Exchanges*.
Ledger Insight.(2024). Report highlights pros & cons of stablecoin MiCA regulation.

MAS. (2019). Consulation on the Payment Services Act 2019: Scope of Emoney and Digital Payment Tokens.
Matthias, B. & Malgorzata, S. (2016). Blockchain Technology and the GDPR: How to Reconcile Privacy and Distributed Ledgers, *European Data Protection Law Review*, 2.
Mukherjee, Pratyusa & Pradhan, Chittaranjan. (2021). Blockchain 1.0 to Blockchain 4.0: The Evolutionary Transformation of Blockchain Technology, http://doi.org/10.1007/978-3-030-69395-4_3
Nakamoto, Satoshi. (2008). Bitcoin: A Peer-to-Peer Electronic Cash System.
Nowak, Karolina Anna, Wisniewski, Marcin, & Litwinski, Michal. (2024). Is It Worth Investing in Tokens? Investment Performance of Digital Tokens in Financial and Axiological Context, *Journal of the Knowledge Economy*. https://doi.org/10.1007/s13132-024-01962-5
OECD. (2022), Decentralized Finance Matters and the Policy Implication.
OECD. (2022). Institutionalisation of Crypto-assets and DeFi-TradFi Interconnectedness.
Popov, S. (2015). The Tangle, IOTA White Paper.
SEC. (2019). Framework for "Investment Contract" Analysis of Digital Asset.
SEC. (2021). The Division of Examinatios Continues Focus on Digital Asset Securities.
SEC v. W. J. Howey Co., 328 U.S. 293(1946)
Shome, Arnab. (2019). *SEC and CFTC to Consider a Joint Approach Towards Crypto*, Finance Magnates.
Steven, B. S. & Simon, D. (2022). *Beyond Bitcoin: Decentralized Finance and the End of Banks*, ICON BOOKS.
Uzougbo, Ngnozi Samuel et al. (2024). Regulatory Frameworks for Decentralized Finance: Challenge and Opportunities, GSC *Advanced Research and Reviews*, 19(12).
Yano, Makoto, Dai, Chris, Masuda, Kenichi, & Kishimoto, Yoshio. (2020). *Blockckchain and Crypt Currency: Building a High Quality Marketplace for Crypt Data*, SpringerOpen.

BLOCKCHAIN · DIGITAL ASSETS · REGULATION

이효진
李孝鎭

이효진 교수는 1992년 제35회 행정고시에 합격하여 공직에 입문하였다. 정보통신부에서 정보화 계획 수립, 통신정책, 정보보호 등을 담당하였으며, 2009년 국무총리실로 옮겨 경제정책 조정, 규제, 기후변화 대응, 가상자산 대책 수립 등의 업무를 수행하였다. 2021년에는 금융위, 과기정통부, 법무부, 경찰청 등으로 구성된 가상자산 범부처 TF를 총괄하고 '가상자산거래 관리방안'을 마련하였다. 2023년 말 경제조정실장으로 공직을 퇴임하였다.

2021년 연세대 대학원에서 행정학 박사학위를 받았다.

현재는 고려대 정보보호대학원에서 겸임교수로 '디지털자산 규제정책'을 강의하고 있으며, 과학기술정보통신부 장관이 위촉한 블록체인산업 협의체 자문위원회 위원장을 맡고 있다.

email: myidleehj@daum.net